Gustav Rasch

Von der Nordsee in die Sahara

Gustav Rasch

Von der Nordsee in die Sahara

ISBN/EAN: 9783743312678

Hergestellt in Europa, USA, Kanada, Australien, Japan

Cover: Foto ©Andreas Hilbeck / pixelio.de

Manufactured and distributed by brebook publishing software
(www.brebook.com)

Gustav Rasch

Von der Nordsee in die Sahara

Von der

Nordsee in die Sahara.

Von

Gustav Rasch.

Berlin.

Hausfreund-Expedition.

(E. Gratz.)

Fräulein

Anna von Kirchmann

gewidmet.

Erstes Kapitel.

Eine Fahrt auf dem Boden der Nordsee.

Als die Kinder Israel aus Aegypten zogen, um in ihr Heimathland Kanaan zurückzukehren, folgte ihnen der König Pharao mit seinen auserlesensten Truppen, um sie festzuhalten und weiter in seinem Lande zu interniren. Er erreichte sie am Gestade des Rothen Meeres. Jeder hielt sich für verloren. Vor ihnen das Meer. Hinter ihnen der König mit Reitern und Wagen. Da streckte Moses die Hand gegen das Meer aus, die Wogen theilten sich, daß sie zu beiden Seiten, wie es in der Bibel heißt, „wie die Mauern standen," und die Israeliten zogen mitten durch das Meer. Der König folgte ihnen mit Reitern und Wagen, um sie noch mitten im Meere abzufangen. Da streckte Moses nochmals die Hand aus, und die wüthenden Wogen verschlangen den König und seine Soldaten, daß auch nicht einer von ihnen entkam, während die Israeliten trockenen Fußes das jenseitige Gestade erreichten. So ungefähr erzählt das zweite Buch Moses, und der Durchzug der Kinder Israel durch das rothe Meer hat Jahrhunderte hindurch für ein Wunder des Alten Testaments gegolten, und gilt bei allen gläubigen Herzen auch noch heute dafür.

Nun, ich bin nun auch, wenn auch gerade nicht durch das rothe Meer, aber doch durch die Nordsee gefahren, nicht auf einem Schiff, sondern auf einem mit vier Pferden bespannten Wagen, habe eine Insel besucht, welche mehrere Stunden vom Festlande im Meere liegt, und bin dann auf demselben Wege, immer auf dem Grunde des Meeres, zurückgekehrt, und die Wogen haben mich, obschon ein starker Nordwest wehte, nicht verschlungen, wie den König Pharao und seine Trabanten, welche das Selbstbestimmungsrecht des Volkes Israel nicht respektiren wollten, und Jeder, der die Nordsee kennt, wird an dieser Fahrt auf dem Grunde des Meeres nichts besonderes finden, wie Jeder sich das Wunder, welches Moses vollbracht hat, in der natürlichsten Weise erklärt, der die Beschaffenheit des rothen Meeres kennt. Moses war ein kluger Mann; er wußte nicht allein, daß das rothe Meer Ebbe und Fluth hat, sondern er wußte die Zeit der Ebbe und Fluth auch genau zu berechnen, während König Pharao entweder diese eigenthümliche Beschaffenheit des rothen Meeres gar nicht gekannt zu haben scheint, oder wenigstens die Zeitdauer der Ebbe und Fluth nicht zu berechnen gewußt hat.

Noch heute wird es wahrscheinlich Manchem am Rothen Meere ebenso ergehen. Wenigstens an den Gestaden der Nordsee passirt dies, wie man mir versichert hat, noch häufig. Alljährlich ertrinken eine Menge Menschen in ihrem salzigen Wasser, weil sie die Zeit der rückkehrenden Fluth nicht richtig berechnen, welche täglich wechselt.

Und woher diese sonderbare Erscheinung, welche nur in einzelnen Meeren, beispielsweise im Rothen Meere und in der Nordsee vorkommt? Mit Bestimmtheit ist die Frage noch nicht be-

antwortet. Alle Beantwortungen sind Konjekturen, wie die
Erklärungen von vielen andern Naturerscheinungen, von denen
wir nur sagen können, daß sie da sind. Halten wir uns also
mit der Untersuchung dieser Frage nicht auf; lieber will ich dem
Leser meine Fahrt durch die Nordsee schildern, und ihm erzählen,
wie es auf dem Boden des Meeres aussah. Die Schilderung
der Erscheinung wird ihm interessanter sein, wie die Untersuchung der Erscheinung selbst. „Es giebt ein Lied, welches an
dem Strande der Nordsee gesungen wird, von den Küsten Ost-
frieslands bis in die fernste Inselbucht der Westsee. Das Lied
spricht von einem reichen Vater, der zwei schöne Töchter hatte.
Er liebte Beide gleich, und Keiner gab er den Vorzug. — Als
er starb, fand sich, daß er seinen Reichthum in zwei gleiche
Hälften getheilt und jeder Tochter ein und dasselbe gelassen
hatte. Als die Jüngste in den Besitz ihrer Schätze gelangte, fing
sie ein tolles Leben an. Vergebens warnte die ältere Schwester.
Die Leichtsinnige lachte und setzte ihr wüstes Treiben fort. Zuerst merkte sie nicht, daß sie dem Untergange zueilte. Das machte
sie sicher und sie wurde immer übermüthiger, immer verschwen-
derischer. Aber bald kam hier der Mangel zum Vorschein und
bald dort. Erst zeigten sich einige Blößen; bald folgten mehrere.
Jedes Schmuckes beraubt; schleppte sie sich träge fort und bald
lag sie regungslos in ihrer ganzen Nacktheit da."

„Da erbarmte sich die Schwester der Unglücklichen. Sie
schwebte herauf mit der ganzen Fülle des Reichthums. Mit-
leidig deckte sie jede Blöße zu und überschüttete die Verarmte
nach und nach mit so vielen Gaben, als sie deren früher besessen. Anfangs schien sich die Gerettete dieses neuen Glücks zu
freuen und schaute lächelnd auf die neue Fülle. Aber lange

währte es nicht, als der tolle Wirbeltanz von Neuem begann. Tag für Tag wiederholte sich dieses Schauspiel. Die eine der Schwestern ward nicht müde im Vergeuden, die andere nicht müde im Wohlthun. Durch Jahrtausende setzte sich das Spiel fort, und die Leute, die dem Spiele zusehen, nennen es „„Ebbe und Fluth.““ In dem Momente aber, wo die verschwenderische Schwester, des neuen Reichthums froh, in Entzücken versunken dasteht, oder, wo die reiche Schwester von ferne erscheint, um die Bedrängte wieder aufzunehmen, sagen die Strandbewohner: „„Es ist still Wasser und der Strom will kentern.““ So erzählt Heinrich Smidt in seinem interessanten Buche von der Niederelbe.*)

Eine Stunde von Cuxhaven, hart am Strande des Meeres, liegt ein kleines Dorf, welches nur aus einigen Häusergruppen besteht. Das Dorf heißt Duhnen. Der Weg nach Duhnen führt an stattlichen Bauernhäusern, an hübschen Gärten und fruchtbaren Feldern vorüber, bis man nach dem Dorfe Döse kommt. In Döse steht eine kleine Kirche, mit hohem und spitzem gothischen Thurme, dessen Mauerwerk mit eisernen Klammern gepanzert ist, damit es zusammenhält. Die Kirche ist schon recht alt; die eisernen Klammern bilden an einer Stelle die Zahl 1620. Wenn der Pastor in früherer Zeit mit der Predigt zu Ende war, so begann er das Kirchengebet zu sprechen und schloß dasselbe mit folgenden Worten: „Herr, himmlischer Vater, höre und erhöre unser demüthiges Flehen um einen gesegneten Strand. Laß nicht verloren gehen die

*) „Binnen der rothen Tonne,“ Novellenbuch der Nieder-Elbe von Heinrich Smidt. Otto Janke. Berlin 1865.

Güter, die aus den geborstenen Schiffen fallen, sondern befiehlt den Wellen, daß sie solche auf ihren Rücken nehmen und auf unseren Strand niederlegen, damit sie geborgen werden von treuen Händen und Denen nützen mögen, die ihrer bedürfen. Amen." Das Strandrecht existirt heute noch; es hat nur einen civilisirten Rock angezogen, wenn auch in der Kirche zu Döse nicht mehr um „den gesegneten Strand" gebetet wird. Die Regierung, die Gerichte und die Strandbewohner theilen sich dermaßen in die geborgenen Güter, daß der Eigenthümer, wenn er noch lebt, oder der Assecurabeur, wenn Jener sein Leben in den Wellen verloren hat, sehr wenig von dem Reste zu sehen bekommt. Schon in der Nähe von Duhnen verliert· der fette und fruchtbare Marschboden ganz und gar seinen naturwüchsigen Charafter. An die Stelle der schweren Bodenkrume tritt der Sand; Dünengras und Sandhafer bilden die Vegetation. Durch Duhnen führt der Sandweg am Hause des Strandvogts vorüber und verläuft sich in das Meer. Dort ist die Stelle, von wo eine Furth nach der Insel Neuwerk führt. In der Form eines grünen Streifens hebt sich die Insel am Horizont ab. In der Mitte des grünen Streifens steigt ein rother Thurm auf. Der rothe Thurm ist der Leuchtthurm von Neuwerk.

Nach dem rothen Feuerthurme von Neuwerk sollte meine Reise gehen; seine Entfernung vom Festlande wird zwei Stunden betragen. Die Dauer der Ebbezeit beträgt sechs Stunden. Wenn die sechs Stunden vorüber sind, brausen zwischen dem Feuerthurm von Neuwerk und dem Strande von Duhnen wieder die Wogen des Meeres, und branden donnernd an dem grünen Walle des Deiches. Mehr wie fünf Stunden hatte ich

also nicht zu meiner Reise zu verwenden. Wenn die heran-
brausende Fluth mich noch in der sechsten Stunde auf dem
Boden des Meeres traf, verschlang sie mich, meine Pferde und
meinen Wagen, wie einst die Pferde, die Reiter und die Wagen
des Pharao.

Es war Morgens 7 Uhr, als ich auf einem rothgestrichenen
hohen Korbwagen, wie er in den Marschländern Brauch ist,
vor dem Hause des Strandvogts hielt. Diese Wagen sind
noch einmal so hoch wie andere Korbwagen und die Räder
haben fast die doppelte Höhe gewöhnlicher Wagenräder. Die
Lootsen in Cuxhafen hatten mir gesagt, daß die Ebbe am
Strande von Duhnen am 15. August um halb sieben beginne;
ich könne also hinter der ablaufenden Fluth hinterdrein fahren,
um Zeit zu gewinnen. Der Strandvogt ließ noch zwei andere
Pferde vor meinen Wagen spannen, und an die Spitze des
Zuges setzte sich zu Pferde ein Lootse, um den Weg zu zeigen.
Auf einem der Vorderpferde saß ein Bauerbursche; die beiden
Deichselpferde lenkte der Kutscher vom Bocke des hohen Korb-
wagens. Ich hatte also mehr als hinreichend das Meinige
gethan, um mich gegen alle möglichen Zufälle sicher zu stellen.
Eine Fahrt durch die Watten ist immer gefährlich. Schon oft
ist es vorgekommen, daß Reisende von der Fluth überrascht
wurden und ihre Rettung auf den Pferden suchen mußten,
welche man ausspannte. Der Wagen ward dann bei der
nächsten Ebbe tief in den Sand gewühlt oder gar nicht auf-
gefunden. Bei starkem Nordwestwind bricht die Fluth oft in
überraschend schneller Weise herein, und täuscht alle Berech-
nungen. Der Wagen kann auch an manchen Stellen so tief
in den Schlamm einsinken, daß die Pferde nicht im Stande

sind, ihn wieder aus dem Schlamm herauszuziehen. Oder die Waſſer der letzten Fluth können ein neues tiefes Loch im Boden gebildet haben, welches der Lootſe nicht kennt und worin der Wagen verſinkt. Ereignet ſich ein ſolcher, gar nicht zu be- rechnender Zufall nahe am Strande oder nahe an der Inſel, ſo werden die Vorderpferde ausgeſpannt, und der Vorderreiter reitet an das Land, um einen anderen Wagen zu holen. Noch kürzlich, erzählte man mir in Cuxhaven, paſſirte dieſer Unfall einem mit Proviant für die Bewohner von Neuwerk beladenen Wagen nahe an der Inſel. Immer beruht die Rettung auf den Pferden, welche, auch wenn die Fluth ihnen über den Rücken geht, ſchlimmſtenfalls noch ſchwimmend das Land er- reichen können. Auch kann ein Rad brechen und das Fuhr- werk in dieſer Weiſe untauglich werden. Beſonders gefährlich ſind die Watten im Frühjahr und im Winter, wo ſie den Sammelplatz des Treibeiſes bilden, welches ſich dort in Schollen von zwanzig und dreißig Fuß Höhe aufthürmt und einen grauſig öden Anblick gewährt. Dann iſt die Verbindung zwiſchen dem Feſtlande, dem „feſten Wall" und der Inſel oft wochenlang unterbrochen, und die Bewohner der letzteren ſind in Betracht ihrer Nahrungsmittel lediglich auf die eigenen Vorräthe und auf das Waſſer, welches ſie aus einer Ciſterne ſchöpfen, an= gewieſen. Den alten Römern jagten die Watten einen pani= ſchen Schrecken ein, als ſie mit ihren Schiffen plötzlich darauf ſitzen blieben und ſich in kurzer Zeit von trockenem Lande um= geben ſahen, welches ſich ſtundenweit hinausdehnte. Die größte Gefahr liegt für den, der zu Fuß oder zu Wagen ſeinen Weg über die Watten nimmt, immer darin, daß ihm von der regelmäßig eintretenden Fluth eine beſtimmte Zeit zur Beendigung seiner Reise zugemessen ist. Er ist rettungslos verloren, wenn sie ihn noch auf dem Boden des Meeres ergreift. Alle Jahre sind hier Todesfälle zu beklagen, welche meistens die Folge von Unvorsichtigkeiten sind, aber auch oft durch die erwähnten, nicht vorher zu berechnenden Zufälligkeiten eintreten können. Um desto anerkennungswerther ist die Vorsorge der Hamburgischen Regierung, welche in Duhnen einen Stationsort für einen erfahrenen Lootsen errichtet hat, der die Reisenden auf ihrer gefährlichen Fahrt zu begleiten hat. Wir waren aus meinem öfteren Aufenthalt an der schleswigschen Westküste der trügerische Zustand des Wattenmeeres und seine Zufälle hinreichend bekannt, da ich mehrmals die Zeit der Ebbe gewählt hatte, um die einzelnen „Halligen" zu Pferde oder zu Wagen zu besuchen, und deshalb hatte ich geglaubt, bei meiner heutigen Fahrt nach Neuwerk keine Vorsichtsmaßregel vernachlässigen zu müssen.

Meine Uhr zeigte ein Viertel auf acht, als ich im Trabe von dem niedrigen Strande nach dem Grunde hinunterfuhr, den noch eine Stunde vorher die brandenden Wellen bedeckt hatten. Vor mir lag, so weit das Auge reichte, eine öde Fläche von bleigrauer Farbe. Der rothe Thurm, der in gerader Linie mir gegenüber die Fläche überragen mußte, war bei der nebligen Luft nicht zu erkennen. Der Trab der Pferde verwandelte sich in Schritt, da der Boden mit einem tiefen Schlamm bedeckt war, in den die Füße der Thiere bis über die Hufhaare einsanken. Die Strandbewohner nennen ihn „Schlick". Er hat eine Gummi elasticum ähnliche Biegsamkeit und Zähigkeit und hängt sich in großen Klumpen an den Fuß. Ich rief dem Kutscher zu, die Pferde anzutreiben und in Trab überzugehen. Er zeigte mit dem Peitschenstiel nach den Füßen der Thiere, an denen sich der Schlamm bereits festgesetzt hatte und erwiderte, daß wir nach einer Viertelstunde festeren Boden bekommen würden. Mühsam zogen die Pferde den Wagen vorwärts. Ueberall tiefe Stille. Kein Laut in der todten, sich vor mir ausbreitenden Natur, als das Pfeifen des Nordwest, der mir scharf und kalt ins Gesicht fuhr. Aber nach zehn Minuten wurde der Weg besser. Der Schlick hörte auf; an seine Stelle trat ein bereits halb trockener Sand, der hart wie Eisen schien; denn die Hufe der Pferde schlugen auf demselben an. Die Form der Wellen der letzten Fluth waren ganz deutlich auf dem Sande zu erkennen. Hier und da bedeckten ihn weiße Muscheln. Der Sand selbst hatte eine graugelbe Farbe. So wie die Pferde den festen Boden unter ihren Hufen fühlten, setzten sie sich, ohne Berührung der Peitsche, in gestreckten Trab, als wenn sie gewußt hätten, daß Eile noth thäte. Der Sandboden war theils bereits ganz trocken, theils war er noch mit Wasser bedeckt, welches aber im Ablaufen begriffen war. Ich konnte deutlich sehen, wie die Wasser rückwärts zum Meere strömten. So ging es eine halbe Stunde vorwärts; in einer großartigen und charakteristischen Form rollte sich das eigenthümliche Wasserbild vor mir auf. Ich blickte rückwärts. Schon war der Strand vollständig aus meinem Gesichtskreise verschwunden. Sonderbar! Die Entfernung konnte doch kaum eine halbe Stunde betragen. Sollte ich mich in der Richtung täuschen, welche wir genommen hatten? Unmöglich! Ich wandte mich wieder nach vorn, um den Kutscher nach dieser eigenthümlichen Erscheinung zu fragen, da wurde ich durch einen neuen, noch sonderbareren Anblick überrascht. Das Wetter

hatte sich aufgeheitert, die Nebel waren verschwunden; aber ich
sah keinen Horizont. Ich blickte nach Nord, nach Ost, nach
West; nirgends zeichnete sich der Horizont auf der nassen Fläche
ab. Weit, weit in der Ferne sah ich einen Dampfer und ein
Segelschiff. Eine Rauchwolke schwebte über dem Schornstein,
voll lag der Wind in den weißen Segeln; aber die Schiffe
segelten nicht auf dem Wasser; sie schwebten in der Luft, wie
Gespensterschiffe. Nun erschien gerade im Norden auch der
Leuchtthurm, roth, wie in Blut getaucht; aber sein Fuß stand
auf einem blauen Wolkenstreifen, während die Insel im Meere
versunken zu sein schien. Dann verwandelten sich auch vor
mir die Sandflächen in Luftgebilde, in denen hellere und dunk-
lere Wolkenstreifen schwebten. Auch der Lootse mit seinem
Südwester schien nun plötzlich in der Luft zu reiten; die Füße
seines Pferdes berührten nicht mehr den Boden. Wirklichkeit
konnte die Erscheinung doch nicht sein? Nochmals warf ich
den Blick auf die vor uns liegende Sandfläche. Da hatte ich
die Erklärung dieser sonderbaren Erscheinungen gefunden! Weithin war der Sand mit Wasser bedeckt, da die Fluth noch im
Ablaufen begriffen war. Die Wolken spiegelten sich bis zum
Vordergrund in dieser glänzenden Wasserfläche und verwan-
delten sie in Luft und wollige Gebilde, und so schienen alle
Gegenstände, welche sich über dem Niveau dieser mit einem
Wasserschleier bedeckten Sandfläche befanden, in der Luft zu
schweben. Es war die Fata Morgana in der Wasserwüste.
Die Erscheinungen waren die Wirkungen der Spiegelung. Die
Fata Morgana, welche ich über dem Sandmeer der großen
Wüste Sahara sah, erklärt sich ganz in ähnlicher Weise.
    Auf einmal war die ganze Erscheinung verschwunden.

Die Schiffe berührten wieder mit ihrem Kiel das Wasser; der rothe Feuerthurm stand wieder mit seinem Fuße auf dem grünen Streifen Landes, der sich in scharfen Konturen zwischen Meer und Himmelsfläche abhub. Als ich nach dem Lootsen und nach den vorderen Pferden blickte, sah ich, weshalb die Fata Morgana in der Wasserwüste verschwunden war. Der Boden, auf dem ich hinfuhr, hatte sich verwandelt. Die mit dem glänzenden Wasserschleier bedeckte Sandfläche war verschwunden; ein breiter Strom durchschnitt mit rauschenden Fluthen den Boden der See; das Wasser ging den Pferden bis an den Bauch und bespülte bereits die Räder in ihrer oberen Hälfte. Der Strom floß von Osten nach Westen, nach dem Meere zu. Immer tiefer sank der Wagen; der Bauer auf den Vorderpferden zog die Beine ganz auf die Croupe des Pferdes hinauf, um nicht naß zu werden. Der Lootse machte dieselbe Bewegung. „Läuft das Wasser hier bei der Ebbe nicht ab," rief ich ihm zu. „Niemals, Herr," rief er zurück. „Wir haben noch zwei solche Stellen bis Neuwerk." Dann stieg der Weg wieder unmerklich aufwärts. Leichter hoben die Pferde die Füße. Nach einigen Minuten waren wir am Rande des Stromes. Wieder breitete sich die mit dem durchsichtigen Wasserschleier bedeckte Sandebene vor uns aus. Von Neuem begann die Spiegelung und wiederum erschien mir die Fata Morgana der Wasserwüste. Im gestreckten Trabe ging es vorwärts. Die Hufe der Pferde schlugen auf der harten Sandfläche an, wie auf einer Tenne. Links lag in einiger Entfernung ein großer Schooner, auf dem Sande. „Er hat sich von der Ebbe überraschen lassen," rief mir der Kutscher zu, „und muß nun liegen bleiben, bis die Fluth ihn wieder aufhebt und

vorwärts trägt." Es kommt dies oft vor in einem Wasser,
welches Ebbe und Fluth hat. Vor zwei Jahren bin ich mit
einem stattlichen Räderdampfer auf einer Reise nach England
in der Nähe von Glückstadt fast zwölf Stunden lang in ähnlicher Weise aufgesessen. „Nur vorwärts, immer im Trab,"
rief ich, nach der Uhr sehend, „es ist bereits halb neun Uhr.
Wenn uns auf unsrer Rückfahrt die Fluth überrascht, wie den
Schooner die Ebbe, so kommen wir nicht so gut weg." Der
Kutscher mochte auch wohl meiner Meinung sein, er schlug auf
die Pferde, welche den Trab verstärkten. Ich blickte wieder
auf den Boden. Da sah ich tausende von Muscheln, welche
mit Seepflanzen bedeckt waren. Zuweilen vereinigten sie sich
zu langen Riffen, und auf diesen Riffen wuchsen Seepflanzen,
welche die Länge von mehreren Fußen hatten. Da lagen Millionen von Krabben und bedeckten weithin den Sand. Da sah
ich Taschenkrebse, welche in eiliger Flucht das Weite suchten,
und tausende von Möwen schwebten über der Fläche, ihr eigen-
thümliches Geschrei ausstoßend, und sich dann plötzlich senkend,
wenn sie mit dem scharfen Auge eine Beute erblickt hatten.
Immer großartiger entrollte sich das Wasserbild. Viele Schiffe
zogen weithin aus Osten vorüber; sie kamen von Hamburg und
segelten nach England. Im äußersten Südwesten zeichnete sich
ein dunkler Streifen zwischen Wasser und Luft ab. „Was ist
das dort?" — „Land Wursten!" rief der Lootse. Ich war
orientirt. Es war der Strand des Landes zwischen Elbe und
Weser, das letzte Ende von Deutschland auf dieser Seite. Nach
Westen und nach Osten, nach Süden hin nichts als Luft und
Wasser. Nach Süden hin trennte ein glänzender Streifen das
Wasser von der Luft. Der glänzende Streifen war der Reflex

der Morgensonne. Ich konnte mir einbilden, ich führe auf meinem raschen Wagen mitten in der Nordsee, und würde morgen Abend an den weißen Kreidefelsen von England entlang fahren. Und wieder strömten die Wogen eines Flusses durch die Ebene, breiter, tiefer, wie der Strom, den ich so eben durchfahren hatte. Die Wellen warfen ihren Schaum bis auf die Croupe der Pferde, und Wasser bedeckte den Boden des Wagens. Und immer näher kam der rothe Feuerthurm. Schon konnte ich die Kuppel und in ihr die Reverbèren der Lampen erkennen, auf deren glänzendes Metall die Sonne blitzende Feuerfunken warf. „Noch eine halbe Stunde," rief der Lootse sich rückwärts wendend, als die Pferde den Wagen aus dem Flusse zogen. Und nochmals setzten sich die Pferde in gestreckten Trab. Die ganze Fläche bis zur Insel war nun mit fußhohem Wasser bedeckt; die Fluth war hier noch nicht ganz abgelaufen. Tiefe Löcher, von Sandwellen eingeschlossen, erschienen zu beiden Seiten der Furth. Sie waren noch bis zum Rande mit Wasser gefüllt. Da brodelte es auf der Fläche und ein schwarzes Haupt tauchte auf aus der Fluth. Es war der Kopf eines Seehundes, welcher das Ablaufen der Fluth versäumt hatte. Plötzlich sank der Wagen bis an die Are in den Boden. „Was ist das?" rief ich, unwillkührlich erschrocken. „Hat keine Gefahr," rief der Kutscher, „hier nahe am Strande ist der Schlamm ungewöhnlich tief. Erst kürzlich ist hier ein Wagen stecken geblieben und wir mußten Vorspann von der Insel holen, um ihn wieder herauszuziehen. Mühsam zogen die vier starken Pferde den Wagen wieder aus dem Schlamm. Dann stieg der Weg allmälig wieder aufwärts. Im Schritt ging es durch den Schlick, der hier ebenso breit war, wie am

Strand „des fasten Walles." Ein hoher, grasbedeckter Deich stieg vor uns aus den Fluthen auf. Im Trabe ging es eine steinerne Auffahrt hinan. Nun waren wir oben. Im Galopp ging es abwärts und über die grüne Fläche. Nach einigen Minuten hielt der Wagen vor dem Eingange des rothen Feuerthurmes.

Die Insel Neuwerk ist ein kleines Stück Land, welches man in einer starken halben Stunde bequem umschreiten kann. Sie ist von allen Seiten mit hohen und festen Deichen umgeben, welche einige Wiesen, Aecker, Felder und Gebäude gegen die Wogen der Nordsee schützen. In Zeiten der Noth, im Winter und Frühjahr, wenn die starken Nordweststürme über die Nordsee brausen, steigen die Sturmfluthen oft über die Teiche, und stürzen sich brausend und tobend auf die Häuser und Felder. Dann retten die Bewohner der Insel sich, ihr Vieh und ihre Habe auf den großen Feuerthurm, welcher 168 Fuß über die Meeresfläche emporragt und dessen 18 Fuß dicke Grundmauern schon seit Jahrhunderten allen Fluthen und Stürmen widerstanden haben. Im Jahre 1290 wurde der Thurm von den Hamburgern zum Schutz der Schifffahrt gegen die Seeräuber und Strandräuber ausgebaut; seit dem Jahre 1814 dient seine durch 21 Lampen während der Nacht erleuchtete Kuppel dazu, den Schiffen, welche aus der Elbe in die Nordsee fahren oder aus der Nordsee kommen, ihren Pfad zu erleuchten, damit sie im Fahrwasser bleiben und nicht auf die die Insel umgebenden Sandbänke und Untiefen gerathen. Neuwerk hat noch einen zweiten, kleineren Leuchtthurm von Holz, der weiter nach der See zu steht, und dessen Kuppel Nachts von 8 Lampen erleuchtet wird. Den Thurm bewohnt

der Strandvoigt, der in seinem oberen Stock einige Zimmer
für Fremde in ganz wohnlicher Art eingerichtet hat. Einst
rasselten hier Helme und Harnische; einst klangen hier die wilden Lieder und Gesänge der Seeräuber an den Wänden wieder.
Die Vitalienbrüder, Claus Störtebecker und sein Genosse,
der wilde Götke Michel und der Magister Wichbold hatten
rund um den Thurm ihr fliegendes Lager aufgeschlagen; am
Strande ritten die Schiffe mit der Blutflagge, in der ein
Todtenkopf abgebildet war, mit denen sie ihre Streifzüge durch
die nordischen Meere machten, vor ihren Ankern. Auch die
Sage hat die einsame Insel mit einem aus Blumen und Im-
mergrün geflochtenen Kranze umwunden. „Das Eiland war
einst ein schönes Königreich und hatte mehr goldene Schlösser,
als jetzt baufällige Hütten. In dem größten dieser Schlösser
wohnte die Königin, und diese Königin hatte eine Prinzessin,
die so lieb und gut war, daß Jedem das Herz im Leibe lachte,
wenn er sie zu sehen bekam, weshalb sie auch Prinzessin Augen-
trost hieß. Viele junge Prinzen bewarben sich um sie; aber
sie mochte Keinen und wies Jeden ab; denn sie liebte ins-
geheim den Blumenprinzen von Terschelling, der stets auf einer
Wolke zu ihr kam, die aus dem Geruch von Blumen zusam-
mengesetzt war. Dieser Duft war so süß, daß alle Bewohner
des Schlosses in einen leisen Schlaf fielen, wenn die Wolke
heranschwebte. Aber der Wasserkönig von Wangerooge, der
zugleich ein Hexenmeister und ein Riese war, legte sich dazwischen. Auch er liebte die Prinzessin, und, als die Prinzessin
erklärte, daß sie von dem ungeschlachten Riesen nichts wissen
wollte, verwandelte er den Blumenprinzen in einen blauen
Vogel mit goldenem Schnabel, und steckte ihn in einen silbernen

Käfig. Dann fing er an das schöne Inselreich zu unterwühlen, bis es zusammenfiel und mit der Prinzessin sammt ihrer Mutter und allen Unterthanen in die Tiefe sank. Und als dies geschehen war, holte er eine der Sandlagen von den Helgoländer Dünen, und deckte diese darüber, worauf das Eiland dieselbe Gestalt .annahm, die es jetzt noch hat, nur daß die beiden Leuchtthürme noch nicht darauf standen."*) Freilich hat die Insel Neuwerk früher einen weit größeren Umfang gehabt, wie heutigen Tages; aber die Wasserströmung von Wangerooge ist die Weststurmfluth, welche den größten Theil der Insel in die Tiefe gerissen hat und sie wohl schon gänzlich verschlungen hätte, wenn sie nicht durch feste und hohe Dämme geschützt wäre.

Ich hatte mich zu lange im Thurme des Strandvoigts aufgehalten. Seine dicke Frau hatte mir ein Frühstück vorgesetzt und er hatte sich dafür wie ein Gasthofssteuereinnehmer erster Klasse bezahlen lassen. Mich wundert, daß er nicht noch den Gebrauch der Gabel und Messer besonders berechnete, um den Preis höher hinaufzuschrauben. Dann hatte er mich oben in die Kuppel geführt, wo ich weithin die Nordsee, die Elbe und die gefährlichen Sandbänke und Untiefen, welche die Insel umgeben, übersehen konnte. Da sah ich die Sandbänke von Scharsören und Vogelsand, auf denen schon manches Schiff gescheitert ist. Weiterhin in die Nordsee schwamm die rothe Tonne, welche das grüne Wasser vom blauem Wasser scheidet, und in ihrer Nähe „ritten die rothen Feuerschiffe vor ihren

---

*) S. „Binnen der rothen Tonne" von Heinrich Smidt, Bd. 4 Seite 5—7. Berlin 1865. Verlag von Otto Janke.

Antern." Nach Süden hin übersah ich alle die Watten, welche zwischen der Elbe und Weser liegen, und zwischen beiden Flüssen zeichnete sich ein blauer Streifen am Horizont ab, die nördlichste Strecke von Deutschland auf dieser Seite. Hunderte von Möven umflatterten den Thurm, und ihre krächzenden Stimmen mischten sich mit dem Pfeifen und Klatschen des Nordwest, der immer heftiger über die grünen Wogen der Nordsee in die Elbe wehte. In stürmischen Winternächten umschwärmen die Möven und wilden Enten die erleuchtete Kuppel zu vielen Tausenden. Im wilden Fluge stoßen sie sich, wie mir der einäugige Strandvogt erzählte, häufig an den halbzölligen Glasscheiben die Köpfe ein; es ist auch vorgekommen, daß sie die Glasscheiben zerbrochen haben und durch dieselben hindurchgeflogen sind. Gerade unter mir lag die grüne Insel mit ihren Feldern, Aeckern und Gehöften. Ein Lampenwärter erklärte mir den Durchgang Moses's durch das rothe Meer und Pharao's Untergang in seiner Weise, und erzählte mir von stürmischen Winternächten, von gestrandeten Schiffen, von Nordweststürmen und vom Strandrecht. Nur an die Rückfahrt durch das Meer dachte ich nicht, obschon der Lootse schon zweimal zu mir hinaufgeschickt hatte. Endlich kam der Bote zum dritten Mal. Ich sah nach der Uhr. Es war die höchste Zeit. Die Fluth mußte schon im Anrücken begriffen sein.

Schleunigst kletterte ich die fünf Treppen des Feuerthurmes abwärts. Die Pferde standen schon vor dem Wagen geschirrt; der Kutscher saß auf dem Bock, der Bauerjunge auf dem Vorderpferde. Der Lootse machte mir Vorwürfe wegen meiner Zögerung. Strandvogt und umherstehende Thurmbewohner riethen, die zum Abend kommend Ebbe abzuwarten.

Gustav Rasch. Von der Nordsee in die Sahara.　2

Ich hatte zu dieser Zögerung gar keine Lust. „Werden wir noch vor der Fluth den „fasten Wall" erreichen?" rief ich dem Lootsen zu, der nun auch zu Pferde gestiegen war. „Wenn wir uns beeilen, ja!" antwortete der Mann. „Dann vor= wärts! Ich will in Cuxhaven zu Mittag essen!" Und nun schlug der Kutscher auf die Pferde, und im Galopp ging es über die grüne Insel neben dem Hügel vorbei, wo die Ham= burger Flagge an hoher Stange zwischen den beiden Kanonen weht, welche die Kunde von einem gestrandeten Schiffe mit ihrem Donner nach dem „fasten Wall" hinübertragen, dem Strande zu. In einigen Minuten waren wir auf den Watten. „Rechts, mehr rechts," rief der Lootse, den Vorderpferden voranstürmend. Links war die tiefe Stelle, wo ich auf der Hinfahrt fast im Schlamme versunken war. Der Wagen flog rechts vorüber, ohne einzusinken. Die Pferde kamen aus dem gestreckten Trabe gar nicht heraus. Nun sah ich, daß sich der Anblick der vor mir sich ausdehnenden Watten während der anderthalb Stunden, welche ich im Feuerthurm zugebracht hatte, ganz verwandelt hatte. Ganz trocken war der Sand, die Fluth war während der letztverflossenen anderthalb Stunden ganz und gar abgelaufen. Während ich auf der Hinfahrt fast zwei Stunden unterwegs gewesen war, mußte ich jetzt den „fasten Wall" doch in einer Stunde erreichen können. Ich lachte über die Aengstlichkeit der Leute, welche mich bis zum Abend hatten in Neuwerk festhalten wollen. Da hörte ich hinter mir einen sonderbaren Ton. Der Ton klang wie ein lang= anhaltendes Stöhnen. „Was ist das?" rief ich dem Kutscher zu. — „Das ist die Fluth, Herr; sie kommt." — „Können wir den „fasten Wall" schneller erreichen, als die Fluth?

Laufen die Pferde schneller als die Wogen?" — „Gewiß,
Herr, wenn wir kein Unglück haben, wenn der Wagen nicht
bricht. Und dann haben wir ja noch die Pferde." — Der
Ton, den ich so eben gehört hatte, wiederholte sich, noch lauter,
noch anhaltender. Es war, als wenn die Nordsee aufathmete.
Der Ton hatte eine traurige und düstere Klangfarbe. Ich
setzte mich rückwärts, um die Fluth anstürmen zu sehen. Mit
wunderbarer Schnelligkeit kam sie näher. Hinter mir bedeckten
sich die noch eben trocken liegenden weiten Sandbänke und
Sandflächen mit silbernen, schäumenden Wellen. Der Schaum
der kommenden Wellen überstürzte das Wasser der vorigen.
Das lang anhaltende Stöhnen, welches ich zuerst gehört hatte,
hatte sich in ein fortwährendes Brausen und Zischen verwandelt.
Der ganze Horizont war mit weißen Wellenköpfen bedeckt, welche
immer näher rückten. Ein heftiger Stoß des Wagens veran-
laßte mich, mich umzuwenden und nach vorn zu blicken. Wir
befanden uns wieder in dem Strome, der von Osten nach
Westen floß. Seine Wassermenge hatte gar nicht abgenommen;
wieder spritzten seine Wellen und sein Schaum den Pferden über
die Croupe, und wieder stieg das Wasser in den Wagen. Aber
wie verwandelte sich plötzlich vor mir, hinter mir, rings um
meinem Wagen die Wasserfläche! Noch war die anstürmende
Fluth weit hinter mir, aber alle die Prielen, die Löcher, die
Beltjen, welche die einzelnen Sandflächen und Sandbänke von
einander trennten, waren bereits durch die unterirdischen Ka-
näle mit Wasser gefüllt; die Wasser strömten über ihre Ränder,
und gossen sich nach allen Seiten hin über den Sand aus.
Rings um mich her, vor mir, hinter mir, überall Leben und
Bewegung auf der öden Sandfläche! Wieder tauchte das

schwarze Haupt aus dem dunkeln Wasser. Sei ruhig, du wirst bald erlöst sein! Schon rauschten die Wasser über die Häupter der Millionen von Geschöpfen hin, welche sie auf dem Sande sehnsuchtsvoll erwarteten, über die Krabben, über die Krebse, über die Muscheln. Noch lag der große Schooner unbeweglich auf dem Sande. Noch eine Stunde, und die Wellen tragen ihn spielend auf ihrem weißen Rücken in das Meer. Immer schneller ging die Fahrt, denn wie auf Sturmesflügeln nahte sich die Fluth. Hinein ging es in die Wellen des zweiten Stromes, der durch die Ebene floß. In wenigen Minuten waren die raschen Pferde am andern Ufer. Auch hier rauschte und plätscherte und strömte und zischte es bereits in allen Richtungen. Die todte Wasserwüste war zum Leben erwacht. Und stärker und gewaltiger rauschte die Fluth aus dem Norden heran; schon umgab den grünen Strand von Neuwerk ein Kranz schäumender Wogen, welche ihre Wasser nach Süden strömten. Vorwärts stürzten die Wogen, dann stürzten sie wieder zurück, um noch einmal vorwärts zu stürzen und einen doppelt so großen Flächenraum zu bedecken, als das erste Mal, alle jene stehenden Fluthbecken mit sich fortreißend. Und hinein in das Brausen, Wogen und Zischen blies der Nordwest und warf mit immer größerer Schnelligkeit die Wogen über den Sand. Wie sie hinter dem Wagen herstürmten, als wenn sie ihn ergreifen wollten! In einer Stunde mußten sie ihren weißen Gischt an den Strand von Duhnen hinaufschleudern! Aber nur ein geringer Raum lag noch zwischen mir und dem sichern Strand. „Wasserströmung von Wangeroog", rief ich, „ich lache über Dich; mich hast Du nicht; meine Pferde sind schneller, als Deine Geister." Nun gingen die Pferde im

Schritt. Langsam zogen sie den Wagen durch den schwarzen Schlick. Jetzt berührten ihre Hufe den Sand; im Galopp ging es den Strand hinauf. Nochmals blickte ich zurück. Bis zum Rande des Schlickes hatte sich die ganze Fläche, so weit das Auge blicken konnte, in ein brausendes und schäumendes Meer verwandelt.

Wir hielten wieder vor dem Hause des Strandvogts. Der Lootse sprang von seinem dampfenden Pferde. „Ich glaube", rief er mir zu, als er mir vom Wagen steigen half, „es war die höchste Zeit. Noch eine halbe Stunde, und die Wasser= strömung hätte uns gehabt!"

Mein Fuß berührte wieder den Boden des „festen Walles." Es war ein Gefühl der Sicherheit und der Ruhe, welches mich mit der Berührung überkam. „Auch ich glaube es", rief ich lachend, „gerade so, wie einst Pharao und seine Reiter im rothen Meer!"

Zweites Kapitel.

Ein Maurenschloß im Schwabenlande.

Als der prächtige Cannstadter Park mit seiner Fülle von Vegetation, mit seinen üppigen Rasenflächen, mit seinen schattigen, verschiedenartigen Baumgruppen hinter mir lag, ging ich auf der von Stuttgart nach Cannstadt führenden Straße weiter, wie man mir in Stuttgart gesagt hatte. Sie führte an den Parkmauern des Schlosses Rosenstein vorüber. Unterhalb des Rosensteins nahm dann mehrere hundert Schritt lang ein aus seinen, gebrannten Steinen erbauter Säulengang, einen Pavillon in der Mitte, die Stelle der Parkmauer ein. Nun war ich ganz in der Nähe von Cannstadt angekommen. Vor mir brauste der Neckar; jenseits des Stromes gruppirten sich in pittorester Weise die Giebelfenster der Stadt neben und übereinander. Während die Straße in gerader Richtung auf die mächtige steinerne Brücke zuführte, welche hier den Neckar überspannt, bog ein anderer Weg an der Mauer links ab, langsam im Baumesschatten hinansteigend. Hier mußte der Eingang zu dem wunderbaren Maurenschloß sein, welches fünfzehn Jahre hindurch selbst den Bewohnern von Stuttgart und von Cannstadt ein Geheimniß geblieben ist, und erst seit einem

Jahre nach dem Tode des Königs Wilhelm von Würtemberg zugänglich geworden ist. Noch vor einem Jahre, als ich auf einer Reise nach Italien durch Stuttgart kam, wurde der Besuch des geheimnißvollen Schlosses nur hie und da Jemandem auf besondere Empfehlung gestattet. Gerade an der Stelle, wo der Weg sich von der Landstraße abzweigte und an der Parkmauer im Baumesschatten aufwärts stieg, erhob sich ein säulengeschmücktes Thor mit drei Thüren. Aber die Thüren waren fest geschlossen. Vergebens suchte ich mir durch Klopfen Eingang zu verschaffen. Eine Klingel konnte ich nirgends entdecken. Auch das Thor erschien mir geheimnißvoll, wie die Wunder aus Tausend und eine Nacht, welche mir hinter seinen mächtigen Pfeilern und starken Thüren erscheinen sollten. Endlich ging ich den links absteigenden Weg aufwärts, da ich keine weitere Wahl hatte. Buschwerk und Baumwipfel blickten über die Mauer; noch weitere hundert Schritte aufwärts; endlich Stallungen, Häuser, Wagenschuppen, zwischen ihnen ein Eingang auf einen von Treibhäusern und einem Wohnhause umgebenen Platz. War ich in den Umkreis des geheimnißvollen Palastes gekommen oder befand ich mich in einer ganz andern Umgebung? Ich blieb darüber gänzlich im Unklaren, denn wohlgepflegte hohe Hecken und Baumpflanzungen hinderten jede Aussicht. Endlich erschien ein Gärtnerbursche in der Thür des Wohnhauses. Er wies mich an eine Frau, welche gerade aus dem Treibhause trat. Ich zeigte der Frau, welche mir als die „Frau Verwalterin" bezeichnet wurde, meine auf dem Hofmarschallamte erhaltene Karte; sie nickte schweigend und schritt vor mir in das Gewirr der hohen Hecken und Baumpflanzungen hinein; eine an eine hölzerne Pumpe geheftete Bekanntmachung, Gartenvorschriften enthaltend und mit der Unterschrift: „Die Königliche Gartendirection, Hacklänber" versehen, kündigte mir an, daß ich auf dem ehemaligen Gebiete des berühmten Romanschriftstellers, des Schöpfers der den Rosenstein und die Wilhelma umgebenden wunderbaren Gartenanlagen, angelangt sei. Hacklänber, der Freund des verstorbenen Königs, fiel nach seinem Tode einer Hofintrigue zum Opfer. Die am Hofe zu Stuttgart heute regierende Partei fürchtete, er würde seinen Einfluß auf den jetzigen König, den er, als er noch Kronprinz war, auf seinen Reisen begleitet hatte, wiedergewinnen und deshalb mußte er schleunigst aus seiner Stellung als Gartendirector entfernt werden. Nur diese Intrigue, nichts Anderes war der rund seiner plötzlichen Entlassung, als der König kaum gestorben war, aus einer Stellung, welche er eine Reihe von Jahren hindurch stets mit Genie und Ehre ausgefüllt hat. „Schade, daß der Herr Director nicht mehr hierher kommt," sagte die Frau, als sie bemerkte, daß ich die Bekanntmachung ansah; „er hat hier so viel Schönes geschaffen und war ein so guter und lieber Herr." Ich kann das Lob der Frau nur wiederholen. Ich machte Hacklänber's Bekanntschaft vor Jahr und Tag in Stuttgart. Ganz entgegengesetzten politischen Grundsätzen huldigend, wie er, zähle ich ihn zu meinen liebenswürdigsten und interessantesten Freunden im Schwabenlande. Dann bogen wir um eine hohe Hecke, und nun stand ich plötzlich in einem wundervollen Garten, der auch zu den Hacklänberschen Schöpfungen gehört. Der Zauber war gebrochen; ich befand mich in dem Garten, der nach dieser Seite hin das Maurenschloß von der übrigen Welt abschließt. Ein großes halbkreisförmiges Bassin, durch einen schmalen

Baumgang von einem zweiten langen, sich in gerader Linie ausdehnenden Bassin getrennt, und rund um das Bassin herum bunte Blumenparterres, frische wohlgepflegte Rasenplätze, schöne Baumgruppen, reiches Gebüsch, Thierbilder von carrarischem Marmor auf niedrigen Postamenten, von gelben Kieswegen durchschnitten. Dort kämpfte ein Tiger mit einer Schlange; hier eilte eine Gruppe leichtfüßiger Gazellen vorüber, wie sie mir in der großen Wüste Sahara begegneten; nicht weit davon eine Hyäne, ein geraubtes Lamm schleppend, und ein Löwe, mit seitwärts gebogenem Kopfe majestätisch vorwärts schreitend. In gerader Linie führte von dem Bassin ein Kiesweg zu einem großen Rondel. In der Mitte des Rondels erhob sich ein Löwe aus weißem Marmor, sein Junges vertheidigend, rechts ein Panther, einer Gazelle auf den Rücken springend; links kämpfte ein Stier mit einem Löwen. An der entgegengesetzten Seite des Rondels erhob sich ein Vorbau in maurischen Bauformen. Er bildete den Eingang zu dem

> „— — — Märchenpalast der
> Sultanin Scheherezade."

Meine Führerin öffnete die Thüre. Ich trat ein und stand plötzlich, nachdem ich den Vorbau durchschritten hatte, im Festsaal des geheimnißvollen Palastes. Welch reicher, wundervoller Anblick! Wie durch einen Zauber sah ich mich plötzlich in den Orient versetzt. Vor mir dehnte sich ein weiter, hoher Saal aus, der an seinen beiden Langseiten auf zwei kleinere Räume von derselben Höhe und Breite auslief. Die Wände, die Decke, die Pfeiler waren in maurischer Weise decorirt. Aber in dieser, in den lebhaften Farben, welche der maurischen Weise eigen sind, ausgeführten Decoration hatte ein trefflicher Geschmack gewaltet. Nirgends hatte die Decoration sich zur Buntscheckigkeit verirrt, wie sie mir beispielsweise im Palast des früheren Bey von Constantine in Afrika entgegengetreten ist. Bei der reichen Entfaltung von Verzierungen war die Einheit des Totaleindrucks durch nichts gestört; die Fülle der Einzelnheiten that dieser Einheit keinen Eintrag. Der Saal wurde nicht von oben durch eine Kuppel, sondern durch zwei Reihen bis auf den Boden hinabreichender Fenster erhellt, während der obere Theil desselben ebenfalls durch kleinere Fenster erleuchtet wurde, welche mit Glasmalereien geschmückt waren, deren Farbentöne das helle Tageslicht dämpfte und den Uebergang zu den farbenschimmernden Wänden bildete. Den Fuß dieser oberen Fenster bedeckten rothe Azaleen und Rosen, weiße Camelien und Lilien, blaue Veilchen und Kornblumen, aus deren Fülle sich zarte grüne Schlinggewächse aufwärts rankten und mit ihren grünen Blättern, mit hren weißen und rothen Blüthen den oberen Raum des Glases ausfüllten. Die untern, bis zum Boden hinabreichenden Fenster-öffnungen waren durch reich geschmückte, in der Decoration der Wände gehaltene Rahmen eingefaßt. Jeder von diesen Rahmen bildete zugleich den Rahmen eines reichen und schönen, immer verschiedenen Landschaftsbildes; denn der Blick des Beschauers glitt durch die hohen Fenster über die reichen, den Festsaal umgebenden Gartenpartieen und ruhte auf den Gebüschen, den Blumenparterres, den Wasserbecken und den Marmorbildern des Gartens, den ich vor dem Eintritt in den Festsaal durchschritten hatte. Die schöne, üppige Natur des Schwabenlandes im Rahmen eines prächtigen maurischen Bauwerks; der kräftige süddeutsche Graswuchs, der reiche Baumschlag der

Umgegend von Stuttgart im Kranze phantastischer, maurischer Blumengewinde und graziöser, arabischer Arabeskenverschlingungen, das Abendland im Rahmen des Morgenlandes! Aber ich sollte gleich ganz andere Wunder sehen. Der Festsaal bildete nur den Eingang zu dem Märchenbilde aus „Tausend und eine Nacht", welches sich gleich in seiner reichen Pracht vor mir entfalten sollte, der wirkliche Märchenpalast der Sultanin Scheherezade. „Meine Führerin öffnete die Thüre, welche an der entgegengesetzten Seite, wo ich eingetreten war, aus dem Vorzimmer des Festsaals führte; unwillkürlich sprach ich, als ich in's Freie trat, unsers Freiligrath's Worte, des prächtigen Sängers des Morgenlandes:

„Ich glaub', ich bin der Perser-Khan,
Der, untertauchend mit dem Haupte,
Geschichten, welche nie geschahn,
Nun plötzlich zu erleben glaubte."

Was sah ich? Ich stand unter einem bedeckten Säulengange mit maurischen Spitzbogen, welcher in halbkreisförmiger Rundung einen Zaubergarten umschloß, einen orientalischen Zaubergarten, so reich, so phantastisch, so feenhaft, wie ich ihn im Orient nirgends gesehen habe. Die Säulengänge des Palastes des blutbefleckten letzten Beys von Constantine umschließen drei orientalische Gärten, aber ihre sämmtlichen Reichthümer an Wasserbecken, Springbrunnen, Blumenparterres und Marmorschmuck kamen dem Reichthum und dem Geschmack dieses Gartens lange nicht gleich. Marmorbilder, Springbrunnen, Wasserstrahlen erhoben sich aus einer Fülle von tro-

pischen und abendländischen Gewächsen, aus einem verschwende-
rischen Reichthum von farbenstrahlenden Blumenparterres und
frischen Rasenplätzen. Dieser Zaubergarten vereinigte alle
Schönheiten, allen Farbenreichthum, alle Frische und Fülle der
Vegetation des Abendlandes und des Morgenlandes. Der
Hauch orientalischer Poesie schwebte über dem künstlerischen Geschmack abendländischer Gartenkunst. Ich konnte glauben, einen
Blick in die Gärten der Peri's zu thun. Und jenseits des all-
mählich ansteigenden Wundergartens, wo sich die beiden Bogen
des maurischen Säulenganges öffneten, erhob sich auf grünem
Hügel das maurische Zauberschloß, welches ich suchte, und offene,
schwebende Treppen, von zierlichem Gußeisenwerk, welche sich
den beiden Bogen des Säulenganges anschlossen, führten auf
die Höhe des grünen Plateau's, von dem das Zauberschloß
in den Wundergarten der Peri's hinabblickte. Eine reich vergoldete große Kuppel krönte den schlanken, zierlichen, maurischen
Bau, dessen beide Flügel Palmenhäuser bildeten, hinter deren,
bis zum First ansteigenden Glaswänden sich die schlanken
Bäume der Tropenwälder mit ihren phantastischen Wipfeln und
Kronen berührten. Und an der Rückwand des Palastes stieg
der Wundergarten, sich in parkähnliche Gruppen verwandelnd,
wieder terrassenförmig aufwärts, eine reiche Schlußdecoration
des phantastischen Märchenbildes. Silberne Strahlen prächtiger Fontänen und goldene Kuppeln bunter, orientalischer
Kioske erhoben sich aus dem üppigen Grün der tropischen
Pflanzen und Gewächse des in Farben, Duft und leuchtende
Sonnenreflexe eingehüllten Landschaftsgemäldes, bis ein Bel-
vedere in der Form eines maurischen Pavillons mit goldenen
Kuppeln in der Höhe, den Schlußstein dieser schönen, mauri-

schen Bauformen bildete. Der große Orientalist*) hat wahrlich Recht, wenn er sagt, daß dieses Maurenschloß die morgenländischen Wunder der Alhambra in das Zauberthal des Neckars versetzt und an Schönheit und Merkwürdigkeit den von allen Reisenden in der Krim so hoch gepriesenen Zauber des Palastes von Bagdscherai bei Weitem an Schönheit und Romantik übertrifft. Es gehörten elf Jahre dazu, die „Wilhelma" zu vollenden. Ein ödes Brachfeld nahm früher den Platz dieses Wundergartens aus Tausend und Eine Nacht ein. Im Frühling 1842 begann der verstorbene König Wilhelm von Würtemberg den Bau des Schlosses nach dem Plane und unter der Leitung von Zanth, der erst im Jahre 1846 vollendet und durch das Vermählungsfest des jetzigen Königs eingeweiht wurde. Die Ausführung der Säulengänge, der freien und der bedeckten Treppen, sowie der Kioske, die Herstellung der Terrassen und der Blumenbeete, der Wasserbecken und der Wasserleitungen, die Anlage der Rasenplätze und der Baumpflanzungen, endlich den Bau des Festsaales nahmen die darauf folgenden Jahre in Anspruch, bis letzterer endlich am 21. Oktober 1851 eröffnet wurde.**) Wie ich schon erwähnte, war der Zutritt zu dem Palast und zu den Gärten bis zu dem Tode des verstorbenen Königs aufs strengste verboten. Die Wunder der Wilhelma waren nur im Bilde in dem Prachtwerk ihres Erbauers zu sehen.

Aladdin kann den Zauberpalast, den ihm der Genius der wunderbaren Lampe, welche er in den unterirdischen Gärten

---

*) Siehe Geschichte der Khane der Krim u. s. w. von Hammer-Purgstall. Wien 1856.

**) Siehe Stuttgart und seine Umgebungen von Dr. Karl Büchele. Stuttgart 1856.

fand, wo alle Früchte uub Blumen aus farbigen Edelsteinen
gebildet waren, in einer duftigen Sommernacht erbaute, nicht
mit größerm Erstaunen angeschaut haben, als ich das Mauren=
schloß auf jener mit Blumen, Wasserstrahlen und Marmor=
bildern geschmückten grünen Terrasse, als ich aus der Thüre
des Festsaales in den maurischen Bogengang trat. Eiligen
Schrittes stürmte ich den Bogengang entlang, immer die Augen
auf das „blendende, wunderſame Bild“ gerichtet. Meine Führerin vermochte mir kaum zu folgen. Wieder kam ich an einer
geheimnißvollen Thüre vorüber. Sie bildete den Eingang zu
dem Bilderſaal, wie mir meine Begleiterin sagte. Aber jetzt
hatte ich keine Zeit, Bilder zu sehen. Vor mir entfaltete sich
ja das „blendendſte, wunderſamſte Bild“, was ich jemals ge=
schaut hatte. Vorüber! Nun war ich endlich am Ende des
des Bogenganges — die mit zierlichem Gitterwerk aus Guß=
eisen bedeckte Treppe nahm mich auf; auf der schwebenden,
offenen Eisentreppe stieg ich die Terrasse hinan — nun war
ich oben. Noch eine Thür trennte mich von den Wundern des
Maurenschlosses. Sie öffnete sich. Ich trat ein. Mit einem
Schritte trat ich aus dem Abendlande in das Morgenland und
schaute den Orient in seiner idealſten Schönheit.

Ich stand im Hofe eines maurischen Palaſtes. In allen
maurischen Häuſern bildet der Binnenhof den Mittelpunkt des
Gebäudes, aus dem man zu den innern Gemächern gelangt.
Es ist der Empfangſalon des Hauſes, wo die Gäſte erwartet
werden, wo man Geschäfte abmacht, wo die Männer der Fa=
milie sich bei Tage aufhalten. In den Häuſern der Reichen
und Vornehmen sind seine architektonischen Formen oft von
großer Schönheit. Der Boden ist mit Marmorplatten oder

mit bunten Steinen gepflastert und mit Matten bedeckt. In der Mitte erhebt sich ein Spring'runnen, oft von phantastischer Form, die sprudelnden und in Millionen silberner Tropfen niederfallenden Wasserstrahlen verbreiten Frische und Kühlung. Ein Säulengang von maurischen Spitzbogen, getragen von runden Säulen, deren Kapitäler aus immer sich verschieden= artig gruppirenden Arabesken, Blättern und Blumenguirlanden bestehen, umgiebt den untern Raum des innern viereckigen Hofes nach allen Seiten. Die Estrade des Säulengangs um= giebt eine offene Galerie, zu der man auf einer schwebenden Treppe hinansteigt und auf welche sich die Zimmer und Säle öffnen. Die Decke des Hofes bildet das blaue Zelt des orien= talischen Himmels, welches, wenn das glühende Antlitz der Sonne hineinschaut, mit bunten Tüchern und farbigen Teppichen überspannt wird.*) Der Hof des Zauberschlosses, wo ich stand, wurde ebenfalls von oben erleuchtet. Das glühende Antlitz der Mittagssonne schaute hinein, aber ihr brennender Blick wurde statt durch bunte Tücher, durch Glasscheiben ge= mildert, deren Farben farbige Stoffe nachbildeten. Der Orient und das nordische Klima waren durch diese farbige Glasdecke in Einklang gebracht. In der Mitte des räumlich stark be= grenzten Hofes erhob sich ein Brunnen aus weißem Krystall mit Verzierungen aus vergoldetem Erz geschmückt. Den Brunnen krönte eine ebenfalls reich mit goldenem Erz geschmückte kry= stallene Lampe. Ein Säulengang umgab, wie in den Palästen des Orients, den untern Theil des Hofes; den oberen Raum

---

*) S. Nach den Oasen von Siban in der großen Wüste Sahara von Gustav Raisch. Berlin 1866.

umkränzte eine Galerie, aus der Thüren in die Räumlichkeiten des oberen Halbgeschosses führten. Unter den Hallen öffneten sich sechs, mit erhabener Arbeit gezierte Thüren zu den unteren Räumen; eine von Säulen eingefaßte Thüre zur rechten Hand trug eine Schrifttafel, von der mir die Worte „Furchtlos und Treu" in goldenen Buchstaben entgegen leuchteten. Es war der Wahlspruch des Erbauers des Palastes. Die Wandflächen waren mit farbigen Fliesen bekleidet, wie die Wandflächen der maurischen Häuser in Afrika. Es war ein wunderbarer Aufent- halt in diesem geheimnißvollen, stillen Hofe. Die Einsamkeit und Stille wurden durch nichts unterbrochen, als durch das Rieseln und Rauschen des Brunnens, dessen Tropfen in das aus der Mitte eines bunten Blumenflors sich erhebende kry- stallene Becken fielen. Die gedämpfte Beleuchtung unter den Säulenhallen vermehrte den Reiz des Geheimnisses, welches hinter diesen schweigenden Thüren schlummerte. Sprechen wir: „Sesam thue Dich auf" und die Thür, über der die Worte prangen „Furchtlos und Treu" öffnet sich von selbst. Treten wir ein. Wir befinden uns im Saal des Palastes.

Der Saal ist der höchste, der größte und prächtigste Raum im Maurenschlosse. Seine Decke bildet die prachtvolle, ver- goldete Kuppel, welche den ganzen Bau beherrscht. Wenn man in der Mitte des Saales unter dem Sternenkranze der Kuppel steht, so kann man glauben, alle Wunder der Feenmärchen mit einem einzigen Blicke zu umfassen. Nirgends im Orient habe ich so viel Schönheit und Pracht auf einmal geschaut. Ich stand auf dem Punkte, wo sich die Hauptaxen des Mau- renschlosses kreuzten, und schaute zugleich in die orientalische Pracht aller Gemächer, in die üppige Schönheit des tropischen

Waldes in den Palmenhäusern und in die Reize der das Schloß
umgebenden Landschaft, den Orient und den Occident erblickte
ich zugleich. Zunächst umgab mich der Orient in dem reich
mit Malerei und Vergoldung geschmückten Saale in seinem
prächtigsten Farbenschiller. Mit glühendem Antlitz schaute die
Sonne durch den Sternenkranz der Kuppel, beleuchtete die
Seiten des Achtecks, auf dem diese prachtvolle Kuppel ruhte,
mit ihrer ganzen Intensität, und streute scharfe Reflexe auf die
Bogen und Säulen der Galerieen, während die reichgeschmück-
ten Wände des Saales in duftige Halbschatten gehüllt waren.
Im Reflex der vollen Kraft der Beleuchtung erschien der Fußboden in der Gestalt und Pracht eines metallenen Spiegels,
dessen Fläche alle Elemente des Lichts in ihre verschiedenen
Farbentöne zerlegte. Die bunte Malerei der bis zum Boden
hinabreichenden Fenster überfluthete die reichen Wände mit
Strömen farbiger Reflexe. Je nachdem ich mich wendete,
blickte ich in den säulengetragenen Vorhof, wo die Wasserstrahlen ununterbrochen aus der Höhe in das weiße Becken des
mit vergoldetem Erz geschmückten Kryftallbrunnens hinabrie-
selten oder in den mit bunten Fliesen bekleideten Speisesaal,
dessen reich decorirte Decke schlanke mit Blumenguirlanden geschmückte Säulen trugen, oder in den Bilderfaal, dessen Wände
die prächtigsten Landschaftsbilder Asien's und Afrika's schmückten,
oder auf die Terrassen jenseits der Vorhalle, wo silberne Wasserstrahlen aus dem üppigen Reichthum von Grün und Blumen
aufstiegen, um in Millionen farbiger Tropfen niederzufallen,
oder in den Tropenwald der Gewächshäuser, wo Pfirsich-
blüthen und Orangenzweige die schlanken Stämme der Bäume
der Wüste umkränzten, von denen der Araber sagt: Sie tragen

wunderbaren Umgebungen Algiers, Konstantinopels und Kairos entfalteten sich wieder in der vollen Gluth ihrer Farben und ihrer tropischen Vegetation vor meinen Augen. — Und dann

> „Die weitgedehnte Stadt mit ihren Gassen,
> Wo Franken, Araber und Habessinier gehn;
> Kaum sind sie breit genug, ein Lastkameel zu fassen —"

Und wieder schaute ich auf die Steppe, welche von den Ufern des atlantischen Oceans bis zu den Borden des indischen Meeres die „heißen Länder" umgürtet, von der der Sänger des Morgenlandes singt:

> „Sie dehnt sich aus von Meer zu Meere;
> Wer sie durchritten hat, den graust;
> Sie liegt vor Gott in ihrer Leere
> Wie eine leere Bettlerfaust.
> Die Ströme, die sie jach durchrinnen;
> Die ausgefahrnen Gleise, drinnen
> Des Colonisten Rad sich wand;
> Die Spur, in der die Büffel traben: —
> Das sind, vom Himmel selbst gegraben,
> Die Furchen dieser Riesenhand.*)

Und wieder der „Oede glühender Sand", wieder die Sahara, die große Wüste, wie der Araber sagt, „in ihrer brand'gen Wittwentracht". Der Samum wehte den braunen Sand zu ungeheuren Staubwirbeln auf; in dunkelrother Lohe brannte der Horizont; die Kameele beugten sich zur Erde und ihre Reiter warfen sich zu Boden, um nicht an dem glühenden Hauch zu ersticken —

---

*) S. Gedichte von Ferdinand Freiligrath. Die Steppe. Ein Fragment.

„Der heiße Sand, den nächtens nur der zott'ge Schweif des
Löwen schlägt —"

Nun stand ich wieder in dem stillen, einsamen Hofe, wo
die Wasser des krystallnen Brunnens rieselten und rauschten,
und der Duft des Orients wehte mich noch einmal aus den
Palmenhäusern an. Dann schloß sich die Thüre hinter mir
und hinter dieser wunderbaren Poesie des Maurenschlosses; mit
einem Schritt trat ich aus dem Orient in dem Occident.
Ich befand mich wieder auf der grünen Terrasse, wo mich die
bunte Flora des Abendlandes mit ihrem Duft umwehte, und
schaute auf die wellenförmigen, rebenumlaubten Höhen des
Schwabenlandes.

Drittes Kapitel.

Ein deutsches Dichterhaus.

Ich kenne kein Dichterhaus, welches von so eigenthüm-
licher und allgemeiner Bedeutung für das deutsche Kulturleben
geworden ist, wie Justinus Kerner's Haus zu Weinsberg an der Weibertreu in Würtemberg. In diesen
unzertrennlichen Namen liegt ein großer, reicher Schatz von
Erinnerungen, ein ganzes Stück deutscher Literaturgeschichte,
welches immer noch seinen Historiker erwartet und fast ein
halbes Jahrhundert repräsentirt. Welche Gestalten, welche
Erinnerungen ziehen an dem Besucher des Kernerhauses vorüber; welch' buntes Leben hat in seinen gastlichen Räumen
vierzig Jahre hindurch gewaltet, bis der unerbittliche Tod alle
die berühmten Gäste Einen nach den Andern und zuletzt den
edlen Gastgeber selbst in sein dunkles Schattenreich abrief! Wer
hat Alles an dem schweren, eichenen Eßtisch des in schweize-
rischer Manier gebauten und getäfelten Speisesaales dieses Hauses
gesessen; wie sprudelte dort der Humor, wie schwang sich die
Unterhaltung auf den Fittigen des Scherzes und der Freude,
der Poesie und der jubelnden Fröhlichkeit empor, wenn beim

Nachttisch die „Uhlandskappe" herumging und Jeder, den wein-
gefüllten Pokal in der Hand, vor ihr einen Vers improvisiren
mußte! Alle Ritter des Geistes aus der schwäbischen Dichterschule und aus dem Tübinger „Neuenbau", Könige und Bauern,
Diplomaten und Philosophen, Somnambule und Dichter, Frei-
heitsstreiter und Revolutionäre, berühmte Repräsentanten aller
Wissenschaften und Künste haben sich an dieser Tafel mit Speise
und Trank erfrischt und gestärkt zur Weiterreise auf ihrem
Lebensgange! Welche Tafelrunde vierzig Jahre hindurch! Die
drei Koryphäen der schwäbischen Dichterschule: Ludwig
Uhland, Justinus Kerner, Gustav Schwab, und neben
ihnen Karl Mayer, der sinnige Sänger der Natur, Nicolaus Lenau, Graf Alexander von Würtemberg,
Heinrich Köstlin, Varnhagen von Ense, Eduard
Moerike, Wilhelm Müller, der Dichter der „Griechen-
lieder", Ludwig Tieck, David Friedrich Strauß,
Gustav Pfizer, Emma Niendorf, der entthronte König
Gustav der Vierte von Schweden, General Rybinski,
der letzte Generalissimus des polnischen Heeres, und die Polen-
flüchtlinge, welche in den Jahren 1831 und 1832 durch Deutschland nach Frankreich zogen.

„Der Tisch auf meinem Thurme steh' zur Beicht'
Wie oft an ihm schmerzvolle Polensöhne
Sich tranken ihre schweren Herzen leicht"

singt Kerner in den „Winterblüthen". Und wie oft mag hier
Kerners wunderbares Lied erklungen sein, welches wir Alle
so oft gesungen haben:

„Wohlauf, noch getrunken, den funkelnden Wein,
Ade nun, Ihr Lieben, geschieden muß sein!

Rahel, Görres, Schubert, Schelling haben in dieser Tafelrunde gesessen. Sie Alle deckt schon das Grab; ihre Namen werden als glänzende Sterne am Himmel der Wissenschaft und der Poesie immer leuchten; nur Einzelne sind noch unter den Lebenden. Und wie geisterhaft stille wurde es hier, wenn Kerner die Lichter löschte, wenn der Mond zitternde Streiflichter über die getäfelten Wände und auf die schweigenden Gestalten warf und die überirdischen Töne der Maultrommel von seinen Lippen durch den Saal schwebten.

„In den Tönen, die es spielte,
Hört' ich oftmals übertragen,
Was ich tief im Busen fühlte
Und nicht konnt' in Liedern sagen.“

Das waren die schönsten Melodien, ächte Dichterphantasien, wahrhaft überirdische Weisen!

Unter dem alten, riesigen Nußbaume, der sich an die epheuumwachsene Mauer und den Thurme anlehnt, wo im Bauernkriege der Graf von Helfenstein in der letzten Nacht gefangen saß, bevor er mit seinen ritterlichen Spießgesellen von den Bauern „in die Spieße gejagt wurde“, saßen die Dichter Schwabens, sich ihre Gedichte und Lieder, die alten Volkslieder und Legenden mittheilend; dort erzählte Lenau von Amerika und von den ungarischen Pußten und Graf Alexander von Korsika; dort ruhte auf ihrer ersten Pilgerschaft durch die Welt Therese Milanollo, als sie noch ein Kind war. In seinem Schatten saß auch einst ein armes, junges Mädchen, welches aus Heilbronn kam und einer Schauspielertruppe angehörte, die dort Bankerott gemacht hatte. Sie hatte einen Brief von einer Freundin Kerner's, der Frau Scheuffelen, der bekannten

Besitzerin der großen Papierfabrik in Heilbronn, an den Dichter mitgebracht, worin er gebeten wurde, ihr eine Empfehlung an das Hoftheater zu Stuttgart zu geben. Kerner, welcher bereits erblindet war, hörte sie declamiren und sandte sie dann mit einer Empfehlung an Herrn von Gall, den Hoftheaterinten-danten in Stuttgart, worin gesagt war, daß er die Hoffnung hege, daß das junge arme Mädchen eine der ersten Schau-spielerinnen der Welt werden könne, so sei er von ihrem Talent und von ihrem Vortrage ergriffen worden. Der Hoftheater-intendant in Stuttgart war nicht dieser Meinung und wies das junge Mädchen mit seiner Bitte um eine Stellung von einigen hundert Gulden kurzweg ab, und traurig kehrte sie nach dem Kernerhause zurück. Aber den Brief des Dichters an den Hof-theaterintendanten nahm sie mit sich auf ihrer Pilgerreise durch das Künstlerleben, welches sie bald darauf in Köln begann und welches ihren Namen den Namen der größten Künstlerinnen an die Seite gestellt hat. Das junge, arme Mädchen, welches damals im Schatten des Nußbaumes von ihrer Reise nach Stuttgart ausruhte, war Fanny Janauschek.

Graf Alexander von Würtemberg, der edle Sänger „der Lieder des Sturms," der Sonette „Gegen den Strom", war einer der anhänglichsten Gäste des Kernerhauses; alljährlich trieb ihn die Sehnsucht nach seinem „geliebtesten Justel" bald auf Tage, bald auf Wochen dorthin, wo er dann das Garten-häuschen, welches noch heute nach ihm „das Alexanderhäuschen" genannt wird, bezog. Justinus selbst hat der tiefen Zuneigung seines „treuen Alexander" in mehreren Liedern ein rührendes Zeugniß ausgestellt, das in dem Ausrufe

„O Treu'ster, oft Verkannter!
Wer hat ein Herz wie Du?"

den schönsten Ausdruck gefunden.

Nicolaus Lenau, welcher im Sommer des Jahres
1831 mit einem Geleitsbriefe Gustav Schwab's nach Weinsberg kam, bewohnte gewöhnlich das gewölbte Gemach des alten
Wartthurms im Hausgarten, den Kerner von der Stadt ge-
kauft und wohnlich eingerichtet hatte. Dort dichtete er im
Februar und März 1834 einen großen Theil seines „Faust".
Kerner selbst hing mit sorgenvoller Liebe an Lenau, als ob
ihm früher schon die Ahnung geworden wäre, daß ein düsteres
Schicksal diesen Freund ereilen sollte; der „Seher" hatte dieses
eine Mal wirklich die Geister geschaut, die nacheinander im
„Faust," in „Savanarola" und in den „Albigensern" den ver-
hängnißvollen Kampf auskämpften um die Seele des melancho-
lischen Sängers der „Schilflieder". „Gott sei mit ihm und
dem Ende seines Lebens, vor welchem Keiner glücklich zu nennen
ist," schrieb Kerner schon im Jahre 1834 an Karl Mayer in
Stuttgart. Gerade zehn Jahre später verfiel Lenau jener
Geistesnacht, aus der ihn erst nach sechs Jahren der leibliche
Tod erlöste. Das Jahr 1844 war überhaupt ein verhängniß-
volles für das Kernerhaus; am 7. Juli starb Graf Alexander
plötzlich in Wildbad. Im Herbst 1827 übernachtete auf seiner
Reise von Stuttgart nach Dessau auch der „Sänger der Grie-
chenlieder", Wilhelm Müller, im Kernerhause zu Weinsberg, wo ihm zu Ehren auf dem Thurme die weißblaue griechische Fahne aufgezogen wurde. Es war wenige Tage vor
seinem Tode. Das „kleine Haus" schien vierzig Jahre hindurch die Residenz eines Fürsten, so viel Gäste sind dort aus-

und eingegangen. Der Zauber im Umgange mit Kerner wurde durch seine Eigenschaft erhöht, daß er von den Menschen nur die guten Seiten sah, und die Gabe besaß, das rein Menschliche in Jedem frei zu machen! Emma Niendorf sagt von ihrem ersten Eintritt bei Justinus und „Rickele", seiner Gattin: „Alle Geister vergaß ich vor dem guten Geiste, den dieses Paar um sich ergießt." Besonders zahlreich waren unter den Gästen des „kleinen Hauses" immer die Frauen vertreten, denen Kerner ja seine Lieder gewidmet hat. „Eine schönere und zartere Gastlichkeit ist nicht leicht in einem Hause zu treffen," schreibt Strauß über den Verkehr im Kernerhause. Unter den vielen Fremden, welche jährlich das Haus besuchen, wird Jeder in seiner Eigenthümlichkeit aufgefaßt, und ihm eine besondere Rücksicht und Neigung gewidmet. Ist ein auswärtiger Freund in Weisberg anwesend, so ist Kerner nicht wohl, wenn er nicht in seinem Hause speist und übernachtet, so lange noch Raum ist, und die Einladungen des Gemahls unterstützt die ebenso gemüthvolle als verständige Hausfrau mit so vieler Herzlichkeit, das schwer zu widerstehen ist. Das dennoch sich aufdrängende Gefühl, allzu viel Güte zu mißbrauchen, wird dem Gaste auch dadurch erleichtert, daß er sieht, wie seine Anwesenheit nicht die mindeste Störung hervorbringt, sondern Alles in seinem ruhigen einfachen Gange bleibt. Und in welche Familie findet sich hier der Gast eingeführt! Kein Wunder, daß von bösen Geistern Geplagte hier Hülfe und Heilung suchen: Der gute Geist dieses Hauses muß sie vertreiben. Ein Friedensengel scheint über demselben zu schweben; der Sinn der Ordnung, der ruhigen Heiterkeit und des Wohlwollens spricht aus allen Gesichtern, und aus allem, was wir darin sehen und hören, an. Der Dichter ist glücklich zu preisen, der, wie Kerner, eine Gattin findet, welche einerseits seinem schwärmenden Gefühle den ordnenden Verstand gegenüberstellt, doch aber andrerseits soviel Gefühl und poetischen Sinn besitzt, um das, was des Dichters Brust bewegt, innig mitempfinden und sein Leben im vollen Sinne theilen zu können. „Der Dichter und Seher" war bekanntlich auch Arzt und hat bis wenige Jahre vor seinem Tode, wo ihn das herbe Schicksal traf, zu erblinden, in Weinsberg als Oberamtsarzt des Bezirks eine weithin reichende Praxis ausgeübt. Als solcher begann er in seinem Hause die magnetischen Heilungen Nervenkranker und wandte seine Aufmerksamkeit den Erscheinungen des thierischen Magnetismus und dem damit verbundenen Heilungsvermögen zu. Aus dieser ärztlichen Thätigkeit stammt Kerner's großer Ruf als Magnetiseur, an den sich so viel wunderbare Erzählungen und Geistergeschichten geknüpft haben. Geister hat Kerner nie gesehen; es auch nie, selbst im Scherze nicht behauptet; die „Seherin von Prevorst", welche so viele Neugierige, Gläubige und Ungläubige nach Weinsberg zog und deren Krankheit Dr. Kerner in seinem berühmten Buche gleiches Namens geschildert hat, war ganz einfach eine kranke Förstersfrau, welche er zwei Jahre lang in seinem Hause ärztlich behandelte und bei der die durch den thierischen Magnetismus hervorgerufenen somnambulen Erscheinungen in großer Stärke hervortraten. Wer derartige Erscheinungen bei nervenkranken Personen selbst gesehen und beobachtet hat, wird darin nichts Wunderbares finden. Die äußerst sensitiv angelegte Natur der Kranken hatte sie, in Folge körperlicher Leiden und der dagegen angewandten verfehlten Heilversuche in einen Zustand höchster Nervenzerrüttung verſetzt. Dr. Kerner, welcher bald erkannt hatte, daß für dieſe Kranke, die als ein des tiefſten Mitleides werthes „Marterbild" erſchien, von einer Geneſung nicht mehr die Rede ſein konnte, war nur darauf bedacht, ihr Seelenleiden zu ergründen, das unter ſeiner Behandlung zu überraſchenden Reſultaten führte. Er hielt es für ſeine Pflicht, den Verkehr mit der „Seherin" allen denen zu geſtatten, welchen es mit der Erforſchung ihrer pſychiſchen Erſcheinungen recht Ernſt war; zu dieſen gehörte David Strauß und, als Kerner's eigentlicher Mitbeobachter, der Profeſſor Eſchenmayer aus Tübingen. An die Krankheitsgeſchichte der „Seherin" knüpften ſich dann die andern ſo berühmt gewordenen Schriften Kerner's, welche ein enormes Aufſehen hervorriefen*).

Uebrigens hat ſich Kerner's Natur immerzu nach dieſer Richtung hingezogen gefühlt, da ſeine Individualität ein ſtark magnetiſches Fluidum in ſich trug. Varnhagen von Enſe ſchildert ihn ſchon während ſeiner Studienzeit in Tübingen mit folgenden Worten: „Ueberhaupt ſteht er der Natur ſehr nahe und beſonders ihrer dunkeln Seite. Seine Augen haben etwas Geiſterhaftes und Frommes; ſein Herz kann er willkürlich ſchneller ſchlagen machen; aber es nicht eben ſo hemmen .... Alles Zauberhafte, Magnetiſche tritt bei ihm in auffallender Stärke hervor. Er ſelbſt hat etwas Somnambüles, das ihn auch im Scherz und Lachen begleitet. Er kann lange ſinnen

---

*) Die Seherin von Prevorſt. Stuttgart und Tübingen. Cotta'ſcher Verlag. Zeitſchrift: „Blätter aus Prevorſt". Geſchichte Beſeſſener meiner Zeit. Eine Erſcheinung aus dem Nachtgebiete der Natur. Ebendaſelbſt. 1829, 1831, 1833, 1834, 1835.

und träumen, und dann plötzlich auffahren, wo der Schrecken der Andern ihm gleich wieder zum Scherze dient. Wahnsinnige kann er nachmachen, daß man zusammenschaudert .... Kerner ist in diesen Richtungen der wahre Ausdruck seines Landes und Volkes, nur emporgehoben aus der untern Region in eine höhere, wo wissenschaftliche Einsicht und dichterische Phantasie zu dem Volksthümlichen sich mischen. Seine Natur wirkt so entschieden, daß in seiner Gegenwart mehr möglich scheint, als sonst, daß die Empfänglichkeit anderer Gemüther durch ihn wächst ...... —.

Im verflossenen Herbst brachte ich auf einer Rückreise aus Italien nach Teutschland mehrere Wochen in Stuttgart zu. Die letzten Abendstunden verlebte ich gewöhnlich im großen Gastzimmer des Petersburger Hofes, wo sich die Führer der würtembergischen Volkspartei in Stuttgart um diese Zeit regelmäßig einzufinden pflegten. Es war oft recht interessant an dem langen Tische und gewöhnlich dauerten die Sitzungen weit über Mitternacht hinaus, je nach dem Besuche aus der Umgegend und fremde Gäste anwesend waren. Eines Abends ging es besonders lebendig her. Oben am Tisch saßen die Veteranen der süddeutschen Demokratie: Gustav Struve, der aus Amerika, wo er als Hauptmann in der Unionsarmee die Feldzüge gegen die südlichen Sclavenhalter durchgefochten hatte, nach Teutschland zurückgekehrt war, Dr. Kolb, Rechtsconsulent Tafel, die langjährigen Führer der parlamentarischen Opposition in den würtembergischen und bayerischen Kammern, neben ihnen ihre jüngeren Nachfolger in der gegenwärtigen, streitenden Gemeinde der Demokratie, die Redacteure des „Beobachter" Carl Mayer und Julius Haußmann,

und Gäste aus den Stuttgart zunächst gelegenen Orten, welche
behufs einer zum nächsten Tagen berufenen Volksversamm-
lung nach der Stadt gekommen waren. Die Mitte des
Tisches nahmen Freunde ein, welche vor politischen Verfol-
gungen seit kurzem oder auch seit längerer Zeit in Stuttgart
einen Zufluchtsort gefunden hatten: Moritz Hartmann,
Ludwig Walesrode, Martin May, mein schleswig-hol-
steinischer Kampfgenosse. Plötzlich ertönte draußen auf der
Straße Feuerruf. In demselben Moment wurde mir von
Walesrode ein Fremder vorgestellt, der eben in den Saal getreten war, dessen Namen ich indeß in dem in Folge des Feuer-
rufes entstandenen allgemeinen Lärm überhörte. Es war ein
großer stattlicher Mann in den vierziger Jahren, mit dunkelm
Haar, großen dunkeln Augen und energischen Zügen. Wir
stürzten mit den Uebrigen auf die Brandstätte und machten
unsere erste Bekanntschaft zwischen zischenden Wasserstrahlen,
prasselnden Feuerflammen und herabstürzendem Gebälk. Als
das Feuer gelöscht war, gingen wir miteinander in den mond-
beleuchteten, alterthümlichen Straßen umher, und als wir uns
endlich um zwei Uhr von einander trennten, war uns Beiden,
als wenn wir uns Jahre lang gekannt und geliebt hätten,
und ich mußte ihm versprechen, ihn in der folgenden Woche
auf meiner Rückreise nach Berlin auf einige Tage zu besuchen.
Der neue Freund war der Hofrath Dr. Theobald Kerner,
der Sohn Justinus Kerner's.

Am Weihnachtsabend kam Dr. Kerner nach Stuttgart, um
mich nach Weinsberg abzuholen. Um Mittag blickte ich in das
stille, jetzt in einen weißen Schneemantel gehüllte Thal, in
dessen Mitte sich auf steilem, isolirtem Bergkegel die Ruinen

der Weibertreu erheben, ihr zu Füßen das alte, amphitheatralisch gebaute Städtchen mit der grauen, romantischen Kirche
und der säulengestützten, alten Linde.

> „Wer sagt mir an, wo Weinsberg liegt?
> Soll sein ein wackres Städtchen!",

rief ich unwillkürlich mit Bürger's Worten, als ich die alte
Kirche erblickte. Noch einige Minuten und der Zug brauste
am Weinsberger Friedhofe vorüber, wo unter dem epheuum-
rankten Granitsteine der blinde Sänger mit seiner Gattin im
gemeinsamen Grabe ruht.

> „Auf Weinberg's Friedhof hebt sich mein Grab,
> Wenn mit dem Dampfroß Ihr vorüberflieget,"

sang er einst im Vorgefühl seines baldigen Todes. „Friederike
Kerner und ihr Justinus." Mit diesen Worten zeigt der Grabstein dem Wanderer, der Weinsberg's Friedhof besucht, die
irdische Ruhestätte des auf dem Gebiete deutscher Poesie unsterblichen Dichters. Wir waren angekommen. Theobald's
Sohn Georg, Justinus Enkel, ein hübscher, blonder Knabe
von fünfzehn Jahren, empfing uns am Bahnhofe, wir durchschritten die Stadt und standen nach zehn Minuten, als wir
um die nordöstliche Ecke der Stadtmauer gebogen waren und
uns auf der Straße nach Oehringen befanden, vor dem Kernerhause. Bäume und Reben beschatten im Sommer Mauern
und Giebel. Hinter dem Hause der epheuumrankte Warttthurm,
an der andern Seite der Straße, mitten in einem großen,
hügelig angelegten Garten das Alexanderhäuschen, dem gegenüber das von der Weinsberger Gemeinde vor einem Jahre
errichtete Kerner-Denkmal.

„Ein lebensfreudiger Prophet,
Stand'st du auf zweier Welten Grenze,
Von Himmelsluft das Haupt umweht
Und pflückend froh der Erde Kränze."

las ich unter dem mit dem Medaillon des Dichters geschmückten
Steine. Von Westen her blickte die Ruine der Weibertreu von
ihrem hohen Berglegel in das Thal, von den Gipfeln der
ferneren, östlichen Gebirgszüge die Ruinen von Löwenstein und
die Bergschlösser Waldenburg und Marienfels.
Zwei Tage blieb ich im Dichterhause und die ganze Vergangenheit desselben zog in bunten Bildern der Erinnerung,
in Schilderungen und Erzählungen Theobald's aus dem Leben
seines Vaters und seiner berühmten Gäste und im Anschauen
körperlicher Andenken aus jener Zeit an mir vorüber. Im
Jahre 1822 baute Justinus Kerner das Haus. In seinen
Grundstein mußte der damals fünfjährige Theobald eine Perga-
menturkunde einschließen, welche folgendermaßen lautete:

„Dies Haus ward gebaut durch Gottes Segen von
Justinus Kerner, dem Arzte, der auch Lieder sang, und
seiner Hausfrau, Friederike, im Jahre eintausend acht-
hundert zwanzig und zwei, zur Zeit, wo des Himmels Ge-
stirn wärmend, wie kaum je, niederschaute auf Berg und
Thal, aber Europa's Herrscher, abgewandt von dem
Himmel, kalt stunden und zuschauten dem teuflischen Morde
von Hellas."

Neuerdings ist das Haus von Theobald Kerner nach einem
früheren Plane seines Vaters hergestellt und erweitert. Alle
Zimmer, welche die Eltern bewohnten, sind indeß ganz in ihrem

früheren Zustande erhalten worden. Jeder Blick fällt auf körperliche Erinnerungen und Andenken aus jener Zeit. Treten wir vom Flur in das `einst von „der Seherin von Prevorst" bewohnte Gemach. In späterer Zeit wohnte dort Nicolaus Lenau im Winter, wenn es ihm im Wartthurm und im Alexan= derhäuschen zu kalt wurde. Von der Wand schaut uns das melancholische Bild des Dichters der „Albigenser" an. Es ist ein Meisterwerk Karl Rahl's. Als Hintergrund sind die ungarische Haide und schwarze Gewitterwolken gewählt. Ein Sturm saust über die öden Pusten. In dem größeren, nebenan belegenen Zimmer hängt das Bild der Seherin. Dunkle Augen, bleiche, kranke Züge, ein weißes Tuch um den interessanten Kopf geschlungen, ist sie wie eine Nonne anzuschauen. Unter ihrem Bilde sehen wir den „Nervenstimmer", den sie einst im magnetischen Schlafe gezeichnet hat. An der anderen Wand erblicken wir ebenfalls ein interessantes, lebensgroßes Bild, das Portrait Mesmers. Die Unterschrift lautet: F. A. Mesmer, Dr. M., âgé 76 ans, auteur du magnétisme animal 1810. Unter demselben befinden sich ein Medaillon mit einem seltenen Bilde Robespierre's und das Mesmerische Banquet, an der gegenüberliegenden Wand eine treffliche Copie des Lenau'schen Bildes von Theobald's Tochter Justine, Justinus Kerner's En= kelin, gemalt. Ringsum, sowie in dem anstoßenden, an das alte Haus angebauten Zimmer magnetische, electrische und gal= vanische Apparate. Das Kernerhaus zu Weinsberg ist auch seiner früheren Bestimmung, Nervenkranken Heilung zu bringen, treu geblieben. Theobald Kerner, der seinem Vater schon während seiner letzten Lebensjahre in seiner ärztlichen Praxis Beistand geleistet, hat nach dessen Tode seine galvanische Heil=

anstalt von Cannstadt in das Dichterhaus verlegt, und von
nah und fern kommen Kranke, um unter seiner ärztlichen Lei=
tung in den Kräften des Magnetismus Heilung zu suchen und
zu finden und für kürzere oder für längere Zeit als Pensionäre
in Weinsberg oder auch im Dichterhause, soweit der Raum
reicht, ihren Aufenthalt zu nehmen.

Im obern Stocke befinden sich die Wohnzimmer, Schlaf=
zimmer, Studirzimmer des Dichters und ein Gastzimmer,
auch „Marienzimmer" genannt nach seiner Hauptzierde, einer
großen, mittelalterlichen Alabastergruppe der Madonna mit
dem Kinde. Die vier bescheidenen Gelasse sind voll von
interessanten körperlichen Erinnerungen. Im mittleren Zim=
mer fesselt uns vor Allem ein lebensgroßes Bild von Justinus
selbst, mit seiner Maultrommel in der Hand; dasselbe ist
von einem italienischen Künstler Ottavio d'Albuzzi, Pfeffel's
Urenkel, der 1851 nach Weinsberg kam. Daneben sehen wir
das von Maler Eduard Herdtle in Stuttgart modellirte
Relief=Porträt, welches das Ideale in Kerner's Zügen am
treuesten wiedergiebt. Ein anderes Gypsmedaillon zeigt das
geistreiche Profil Alexander's von Würtemberg; gleich
interessant sind Breslau's Büste und Statuette. Nach
Norden liegt Kerner's Schlafzimmer, welches auch sein Sterbe=
zimmer geworden ist. Daran schließt sich · nach hinten das
ehemalige Arbeitsstübchen des Dichters und Arztes. In dem=
selben erblicken wir noch den Armstuhl Kerner's, den langen
Spazierstock mit elfenbeinernem Griffe, auf den er sich
während der Tage seiner Blindheit stützte, und das krystallene
„Trinkglas des verstorbenen Freundes"— Nicolaus Lenau —

auf welches Kerner das in Form und Inhalt gleich vollendete Lied dichtete:

„Du herrlich Glas, nun stehst du leer!
Glas, das er oft mit Luft gehoben!
Die Spinne hat rings um dich her
Indeß den düstern Flor gewoben." —

Viertes Kapitel.

Im Kerker des letzten Tribunen im Schloß der Päpste zu Avignon.

Hoch über den Häusergruppen der Stadt Avignon im südlichen Frankreich, weithin in der Ebene sichtbar, ragen die alten Mauern und Thürme eines gewaltigen Schlosses empor. Wenn man auf der Eisenstraße von Lyon nach der ehemaligen Residenz der Päpste braust, wenn man auf den langen, schmalen Dampfschiffen die Rhone abwärts gleitet, oder wenn man von Marseille über Avignon seinen Weg nach Norden nimmt, überall erblickt man diesen Steinkoloß, wie die Pyramiden in der egyptischen Wüste, oder wie das Grabmal des Jugurtha in der afrikanischen Steppe, oder auch wie einen Leuchtthurm über den Wogen des Meeres. Das gewaltige Schloß gleicht in der Ferne einem steinernen Berge, der mit Thürmen, Mauern und Zinnen gekrönt ist. Und wer bewohnt diesen steinernen Koloß, der mehr der Wohnung eines Riesen oder eines Phantoms, als der Wohnung eines menschlichen Wesens gleicht? Der Steinberg war das Schloß der Päpste, welche Jahrhunderte in Avignon residirten, der Sitz einer finstern Zeit, das verkörperte Sinnbild der Knechtschaft der

Geister, welche die päpstliche Hierarchie über ein Jahrtausend wie ein ungeheures Leichentuch über das ganze alte Europa ausgebreitet hatte, bis die großen religiösen und politischen Revolutionen der letzten Jahrhunderte dasselbe in Fetzen rissen. Aber heute hat der steinerne Riese seine goldene, mit Edelsteinen geschmückte Tiara abgelegt; kein Bogenfenster erleuchtet sich mehr, wenn der Abend seinen blaubuftigen Schattenmantel über die schönen Gestade der Provence breitet, und die einzige Antwort, die das Schloß der Päpste dem Geläute der Glocken giebt, welches zur Vesper von den Thürmen Avignons tönt, besteht in rollendem Trommelwirbel und in langgezogenen Tönen kriegerischer Hörner. Das Schloß der Päpste ist in eine Kaserne umgewandelt. Die große französische Revolution, welche das ganze alte Europa erschütterte, hat auch das Schloß der Päpste den Händen des Priesterthums entrissen. Der päpstliche Vicelegat, der in seinen prächtigen Sälen residirte, mußte den Sitz der päpstlichen Hierarchie für immer verlassen.

Wenn die Echos dieser kolossalen Gewölbe reden könnten, welche Geheimnisse und welche Schrecknisse würden sie erzählen, von welchen Klagen und Seufzern Gefangener, Gemarterter und Gemordeter würden sie wiedertönen! Aber Alles ist stumm im Schloß der Päpste; in den Echos seiner Gewölbe hört der Geschichtschreiber nur vage und konfuse Gerüchte, wie das Durcheinander verwirrter Traditionen. Als Papst Gregor der Neunte die Thore des Palastes der Päpste in Avignon schloß, vergaß er nicht, alle Aktenstücke und Pergamente zu vernichten oder mit sich in den Vatikan nach Rom zu nehmen, welche die Geheimnisse der Regierung enthielten, die während

Jahrhunderten alle Fäden der päpstlichen Hierarchie in der Hand hielt. Sie befinden sich noch heute im Vatikan, und die Thüren der Säle, wo sie aufbewahrt werden, wird erst die nächste italienische Revolution dem Historiker erschließen.

Ich habe noch nie ein Schloß gesehen, welches so unregel= mäßig gebaut ist, wie der Palast der Päpste in Avignon. Natürliche Felsen und Römermauern bilden seine Fundamente. Die Mauern der Thürme, der Gewölbe und der Säle, welche den Päpsten als Wohnung dienten, sind von ganz kolossaler Stärke und Dicke, aber in Anlegung aller Räumlichkeiten herrscht eine Unregelmäßigkeit, ein wirres Durcheinander, wel= ches ganz unbegreiflich und durch Nichts motivirt ist, weder durch materielle Vortheile, noch durch die Beschaffenheit des Terrains. Die Gestalt der Thürme ist weder viereckig noch rund zu nennen; in keinem einzigen Fenster sind bestimmte Linien festgehalten; nirgends begegnet man einem rechten Winkel, und will man aus einem Flügel in den andern gelangen, so ist dies nur möglich mittelst eines Gewirres von Gängen und Gallerieen. Diese kolossale Gebäudemasse aufzubauen hat eine Arbeit von vierunddreißig Jahren gekostet. Sieben mächtige Thürme flankiren die Seiten des steinernen Riesen, auf hohen steinernen Treppen steigt man aus der Stadt zu seinem Fuß= gestell heran, welches, wie ich schon erwähnte, aus der Zeit der Römer stammt. Im Norden des Palastes befinden sich tief eingeschnittene Wohnräume, deren Ecken von einem gewal= tigen Thurme überragt werden. Es ist der Thurm des hei= ligen Johann, aus dessen Fenstern der alte Papst Johann der Zweiundzwanzigste das Leichenbegängniß seines Gegenpapstes, Peter Corbanco, anschaute. Unter diesen Räumen befinden sich die düsteren Kerker, in deren tiefe Gewölbe die Inquisition ihre unglücklichen Schlachtopfer warf, bevor sie dieselben in den östlichen Sälen des Palastes mit ihren Folterwerkzeugen marterte. Schreckliche, fast finstere Gewölbe, in welche nur um Mittag der goldene Sonnenstrahl bringt, an deren dicken Mauern jeder Klageton und jeder Seufzer verhallt! Hinter diesen Räumen erhebt sich der Thurm von Trouillas, der Riese des ganzen Schlosses. Innerhalb seiner dicken Mauern befindet sich der Kerker des letzten Tribunen. Ich werde nach einer kurzen Schilderung der anderen Theile des merkwürdigen Palastes mit dem Leser in seine finsteren Tiefen hinabsteigen.

Die westliche Façade des Schlosses hat die längste Aus-dehnung. Sie besteht aus einem Gemisch von Thürmen und Räumen. Hier befinden sich die Säle, wo das Inquisitions-Tribunal seinen Sitz hatte, und die Folterkammer, welche Papst Urban der Fünfte angelegt hat. Der große Thurm des heiligen Laurentius, von dessen Höhe man eine wundervolle Aussicht auf die Stadt Avignon und auf die sie umgebende Ebene hat, befindet sich an der Südseite der Gebäudemasse; die öst-liche Seite nimmt die Fronte ein, welchen der Palast der Stadt zukehrt. Papst Klemens der Siebente hat in der-selben allen Luxus der Architektur entfaltet, den seine Zeit kannte: große, ovale Fensterbogen, gothische Thürmchen, einen mit Schnitzarbeit bedeckten Balkon, bündelartig zusammengestellte Pfeiler, welche das Thorgewölbe tragen. Von diesem Balkon aus segnete der Papst an hohen Festtagen die Stadt und die Christenheit; von demselben Balkon aus begnadigte er an den Gerichtstagen diesen und jenen armseligen Verbrecher, nur durfte er kein Verbrechen gegen die Kirche begangen haben. Heute gewährt die Façade und der Platz, auf den dieselbe hinausläuft, einen ganz militairischen Anblick; denn in derselben befindet sich das Haupteingangsthor zum Palast der Päpste, und der Palast der Päpste ist zum fortwährenden Verdrusse der französischen Geistlichkeit in eine großartige Kaserne umgewandelt worden.

Eine Stunde lang führte mich der taube Kastellan durch die Gewölbe, Säle und Thürme des finstern Schlosses. Er hielt mich durchaus für einen Engländer und wurde nicht müde, mir von seiner Gefangenschaft in England zu erzählen, welche er während der napoleonischen Kriege ausgestanden hatte. Ich war gar nicht im Stande, ihm seinen Irrthum zu benehmen, da er so taub war, daß ich ihm jedes Wort in die Ohren hineinschreien mußte. Endlich war er mit seinen Schicksalen fertig, und nun kam das Schloß der Päpste an die Reihe. Die ursprüngliche Einrichtung war überall zerstört; von den prächtigen Sälen und Zimmern, welche einst eine ganze Reihe von Päpsten bewohnten, waren nur die nackten Wände übrig geblieben. Die Stürme der großen französischen Revolution waren durch diese Räume gebraust und was sie nicht zerstört hatten, war von den Flammen der Feuersbrünste vernichtet worden, welche in dem alten Schlosse ausgebrochen waren. Sic transit gloria mundi! — Und doch schienen diese gigantischen Mauern dazu bestimmt gewesen zu sein, der Ewigkeit zu trotzen. Mauern von der Dicke eines Hauses, Fenster so hoch wie Thüren, kolossale Gewölbe und Gemächer — unwillkürlich fielen mir immer wieder die „εργα κυκλόπων" — die Werke der Cyklopen ein. Hier residirten sieben Päpste während der Jahre 1309

bis 1377, und beherrschten die Grafschaften Avignon und Ve-
naissin. Nach ihrer Rückkehr nach Rom ließen sie beide Grafschaften durch einen Vicelegaten administriren. Da Avignon
zugleich ein Asyl für Flüchtlinge und Verbrecher aller Länder
war, so fehlte es natürlich nicht an Gesindel, welches auf
Kosten der Klöster und Stifte ein wenig beschauliches Schla-
raffenleben führte. Die Armee und die Leibwache des Vicelegaten wurde hauptsächlich aus diesem Gesindel rekrutirt und
zeichnete sich daher weniger durch Disciplin und Muth, als durch
prächtige Uniformen aus. Der letzte Vicelegat lief beim Ausbruch
der französischen Revolution davon und alle seine Trabanten liefen
ihm nach. Jetzt wimmelte das Schloß von Zuaven und Soldaten aller Waffengattungen, welche in den hohen Sälen ihre
Wirthschaft aufgeschlagen und ihre Lagerstätten ausgebreitet
hatten, die riesige Küche hatte Rauchzüge, welche für ein ganzes
Standquartier hinreichend gewesen wären, und auf dem riesigen
Heerde wurden ganze Ochsen, Hämmel und Kälber gebraten.
So ging's durch das ganze gigantische Gebäude, durch die
Kapellen, Gefängnisse, Folterkammern und Gewölbe; mein
harthöriger Begleiter, nachdem er nur erst seine englischen Ge-
fangenschaftserinnerungen überwunden hatte, nannte mir die
ganze lange Reihe aller Päpste, Gegenpäpste, Legaten und
Vicelegaten, und Dutzende von Gefangenen, welche hier ein-
gekerkert, gefoltert und gemordet waren. Mein Kopf schwin-
delte von allen diesen Einzelheiten aus der Geschichte jener so
finstern Zeiten, welche sämmtlich nach Verrath, Mord und nie-
derträchtiger Tyrannei schmeckten; das Mittelalter ging einmal
wieder mit allen seinen Gräueln und Schreknissen an mir
vorüber — und ich segnete die französische Revolution, welche

endlich auch hier aufgeräumt hatte. Endlich war der taube
Kastellan mit seinem Spaziergange durch das Schloß der
Päpste zu Ende. „Führen Sie mich in den Kerker Cola
Rienzi's," schrie ich ihm in die Ohren, „der Kerker Rienzi's
ist das Einzige, was mich in diesem schrecklichen Schlosse inter-
essirt." — „Certainement, Monsieur, tout ailleurs!" krähte der
Kastellan mit seiner hohen Diskantstimme. Der Mann hatte
mich verstanden.

Nun ging es über Gänge und Gallerieen nach dem Riesen
des alten Schlosses, nach dem Thurme von Trouillas. Die
Zeit hatte dem Riesen die · obere Mauerkrone abgebrochen.
Aber noch stand er da, trotzig und finster über alle seine Brü-
der mit dem verstümmelten Haupte aufragend. Eine aus
ganzen Eichenstämmen gebaute Thüre wurde aufgeriegelt und
mit einem riesigen Schlüssel aufgeschlossen: knarrend bewegte
sich die schwere Thüre in ihren verrosteten Angeln. Ich trat
in einen runden Raum, welcher mir die Durchsicht bis in die
Spitze des Thurmes gestattete. Die Mauern hatten die Dicke
eines Hauses; mir fielen wieder die „Werke der Cyklopen" ein.
Ich stand ungefähr in der Mitte des Thurmes. Die Wendeltreppe führte in seine Tiefe hinab.

Der Kastellan zeigte mit dem Finger auf die halbverfallene
Treppe. „Descendez, Monsieur, s'il vous plait," sagte er mit
der krähenden Diskantstimme.

Ich kletterte hinab. Die Stufen waren halb zertrüm-
mert. Nun standen wir vor einer hohen Bogenthür. Der
Kastellan zog wieder einen großen verrosteten Schlüssel heraus
und steckte ihn in das Schloß. Ich hatte bis hieher vierund-
fünfzig Stufen gezählt. Die Wendeltreppe war aber nicht zu

Ende. Vor der Bogenthüre vorbei führte sie weiter in die
finstere Tiefe. Ich sollte sogleich erfahren, wohin die Wendeltreppe weiter führte.

Knarrend that die Thüre sich auf. Wir traten in einen
viereckigen Raum von riesiger Höhendimension. Der Raum
wurde durch drei große Schießscharten erhellt. Die Wände
waren ganz nackt und kahl, der Boden mit Balken gedielt.
„Ist dies der Kerker des edlen Rienzi?" schrie ich dem Kastellan
in die Ohren. Er sah mich verwundert an und lächelte.
„Non, Monsiéur," krähte er, „vous verrez tout de suite la
prison de Rienzi." Dann schob er einige Bretter hinweg,
welche an einer Stelle die Balkenlage des Fußbodens, ohne
daß ich es bemerkt hatte, bedeckten. Ich blickte in ein ganz
finsteres Loch, dessen Tiefe ich nicht unterscheiden konnte.
„Voila, Monsieur," sagte der Kastellan, „la prison de Rienzi."
Ich schauderte, als ich in die Tiefe blickte. Nun wußte ich,
weßhalb der alte Mann so eben gelächelt hatte. Er hatte sich
über meine Naivetät gewundert, daß ich glauben konnte, nachdem ich bereits die finstern und grausigen Kerker, Folterkammern und Oublietten des Schlosses der Päpste durchschritten
hatte, daß es für den letzten Tribunen in diesem Schlosse ein
so heiteres Gefängniß gegeben hätte, wie der hohe, riesige,
durch die drei Schießscharten erhellte Raum, wo ich stand. Der
alte Mann tarirte die finstere Grausamkeit der Päpste richtiger
als ich. „Und in diesem Loche saß Rienzi?" fragte ich, immer
noch verwundert. — „Gewiß, sechs Jahre," sagte der Kastellan,
„bis Papst Innocenz der Sechste ihn freiließ." — „Ich will
in den Kerker hinabsteigen. Wo ist der Eingang?" — „Der
Eingang ist nicht hier. Sie müssen die Wendeltreppe weiter

hinabsteigen. Aber das ist schwierig und sogar gefährlich. Ich kann Sie nicht hinabsteigen lassen." — „Nur vorwärts, steigen wir hinab. Wir werden Beide nicht den Hals brechen." Das Versprechen eines ganz besondern Trinkgeldes beseitigte schließlich alle Schwierigkeiten des Unternehmens. Die Wendeltreppe war indeß in einem ganz miserablen Zustande. Ihrem unteren Theile konnte kaum mehr der Name einer „Treppe" zuerkannt werden. Die Stufen waren ausgebrochen, mit Schutt überschüttet oder fehlten gänzlich. Ich mußte mich an die Mauern des Thurmes klammern, um nicht zu gleiten und einige zwanzig Fuß in die Tiefe zu stürzen. Der taube Kastellan war gezwungen, hinter mir herzuklettern, und schien von meiner Promenade in die Tiefe des Thurmes von Trouillas nicht im Mindesten erbaut zu sein. Einige „god dam", welche ihm noch aus seiner Gefangenschaft in England erinnerlich sein mochten, und welche er ausstieß, wenn er einige Fuß abwärts stolperte, ließen mir über seine Stimmung gar keinen Zweifel. Endlich waren wir unten. Es war hier ganz dunkel. Schlüsselgerassel und das Kreischen vorgeschobener Riegel verkündeten mir, daß mein harthöriger Begleiter mit dem Oeffnen der Kerkerthüre beschäftigt war. Nun war er fertig. Einige schwache Lichtstrahlen erhellten vor mir einen Raum, der ungefähr die Hälfte der Breite und Länge haben mochte, wie der Saal, durch dessen Fußboden ich von oben so eben in den Kerker des letzten Tribunen geblickt hatte. Sie kamen durch zwei in den Mauern befindliche Schießscharten. „Voilà, Monsieur, la prison de Rienzi," sagte der Kastellan, mich durch eine Handbewegung zum Eintreten einladend.

Es war der Kerker des Mittelalters in seiner ganzen

nackten und grausigen Gestalt, den ich betrat. Der Boden
war von Stein, denn ich mußte mich auf dem untersten
Grunde des Thurmes von Trouillas befinden; die Wände
hatten, wie ich an dem Durchschnitt der Schießscharten sah,
die Dicke eines Hauses. Die Luft war schwer, kalt und feucht
— wie wahre Kerkerluft. Das war der Hauch, der mir in
den unterirdischen Kerkern des Dogenpalastes in Venedig ent=
gegenwehte, das war die Luft, die ich im Gefängniß des Abbé
Faria im Schlosse If eingeathmet hatte! Wie kann die menschliche Lunge in einer solchen Atmosphäre Jahre lang athmen?
Und hier hatte der edle Rienzi sechs Jahre zugebracht. Ich
dachte an jene glänzenden Tage, wo er in der ewigen Stadt
bei den unter dem jahrhundertlangen Druck der Pfaffen
und der Ritter erschlafften Bürgern die Erinnerungen an die
frühere Größe und Herrlichkeit Roms wieder auferweckte, wo
er den schwachen Funken der Freiheit, der noch in den Herzen
der Nachkommen der Gracchen glimmte, wieder zur helllobern=
den Flamme anfachte, ein zweiter Arnold von Brescia; ich
dachte an die Zeit, wo er mit wehenden Bannern, in deren
bunten Falten die Gerechtigkeit, die Freiheit und der Frieden
dargestellt waren, auf das Kapitol zog und die Herstellung des
„guten Staates" verkündete. Das Volk jauchzte ihm zu, der
Adel mußte sich, überrascht, fügen, und Rienzi wurde unter
dem Titel eines Tribunen mit unumschränkter Macht an die
Spitze des „guten Staates" gestellt. Die römische Republik
schien in ihrem alten Glanze wieder aufgelebt zu sein. Eine
schnell organisirte Kriegsmacht verlieh dem Tribunen Macht
und Ansehen. Die Straßen der Stadt und die Ufer des
Tiber wurden von Räubern gesäubert. Das Volk verehrte

ihn, als habe er Rom zum zweiten Male gegründet. Die meisten italienischen Republiken sandten ihre Botschafter nach Rom. Der Kaiser Ludwig der Vierte wandte sich an Rienzi, um seinen Streit mit dem Papste auszugleichen. Mehrere andere Staaten schlossen Bündnisse mit ihm, oder ernannten ihn zum Schiedsrichter in ihren Streitigkeiten. Aber der Fürst der Kirche im Schloß der Päpste zu Avignon spann seine finstern und schlauen Intriguen, um den großen Tribunen zu stürzen, im Stillen, und untergrub allmälig seine Macht. Plötzlich schleuderte er den Bannfluch gegen ihn. Der Bannfluch war damals noch eine finstere, ungreifbare, niederschmetternde Gewalt. Verlassen vom Volke, bekämpft vom Adel und von der Geistlichkeit, mußte Rienzi aus Rom fliehen und flüchtigen Fußes wanderte er Monate lang durch Italien, durch die Schweiz, durch Deutschland, er, den der Bannstrahl des Papstes getroffen hatte. Armer Rienzi, der Du noch in einer finstern Zeit lebtest, wo der Fluch eines Priesters Dich niederschmettern konnte! Der elende Kaiser Karl der Vierte lieferte ihn dem Papste aus, der ihn in seinem finstern Riesenschloß in Avignon in den Thurm von Trouillas warf. Aber Rienzi's Muth und Energie wurden durch die Kerkernacht nicht gebrochen. Als Papst Innocenz der Sechste ihn aus dem Gefängnisse entlassen hatte, erschien er zum zweiten Male in der ewigen Stadt. Noch einmal trat der große Tribun an die Spitze der römischen Republik. Aber bald schaarten sich seine alten Feinde von Neuem gegen ihn zusammen, und ein Dolchstoß machte dem edlen Leben des Gefangenen des schrecklichen Thurmes von Trouillas ein Ende. Die Pfaffen und die Ritter hatten gesiegt.

Der genialste Komponist der Neuzeit, **Richard Wagner**,

hat die große Gestalt des edlen Tribunen, des großen Freiheits-
kämpfers in einem früheren Jahrhundert, durch seine Musik
von Neuem verherrlicht. Der wunderbare Gesang des Frie-
densboten aus jener Oper klang in meiner Erinnerung wieder,
als ich die verfallene Wendeltreppe im Thurm von Trouillas
hinaufkletterte, um den Kerker Rienzi's zu verlassen. Auf den
weiten, mit Blumen und Zierpflanzen bedeckten Terrassen, welche
die Rückseite des Schlosses der Päpste umfassen, und eine wundervolle Aussicht über das Rhonethal gewähren, athmete ich
im erfrischenden Hauch der Frühlingsluft von den finsteren
Erinnerungen, welche das Riesenschloß so eben an mir vorübergeführt hatte, wieder auf. Dort erblickte ich in der Ferne
den Thurm des blutigen Königs Philipp des Schönen, da
neben dem finstern Schloß mit seinen Riesenthürmen die Kathedrale mit den Grabmälern der Päpste; unter mir breitete
sich die Stadt Avignon mit ihren einsamen Straßen und
Plätzen, auf denen das Gras wächst, mit ihren verfallenen
Palästen von Bischöfen und Kardinälen, mit ihren Ruinen von
Klöstern und Stiften, mit ihren hundert verfallenen Kirchen
und Kapellen aus, wie ein großer Friedhof inmitten eines
blühenden Gartens. Es waren die Ruinen des Mittelalters,
die Trümmer der Hierarchie der Päpste, welche ich sah, die
von der Zeit niedergeworfenen Trümmer finsterer Jahrhunderte,
mit deren unheimlicher Macht der große Tribun vergeblich
kämpfte, aus dessen feuchtem Kerker im Thurme von Trouillas
ich so eben an das goldene Tageslicht gestiegen war. Die
Zeit war seine Rächerin geworden.

Fünftes Kapitel.

Im Kerker Monte-Christo's und der eisernen Maske.

Der Austral wehte in scharfen Stößen aus Nordost und warf die blauen Wogen des mittelländischen Meeres hoch auf an dem Felsenriff, welches sich von dem Gebirgszuge, auf dem die Stadt Marseille amphitheatralisch aufsteigt, weithin in die See hinausstreckt. Das leichte Boot, welches mich trug, schwankte, bäumte sich und lavirte mit Ruder und Segel; hundertmal schlugen die weißen Spritzwellen über Bord; endlich lag das Riff hinter mir, und nun stieg in der Ferne in Süd-west ein Felseneiland weiß und gespenstisch aus den blauen Fluthen des Meeres, mit Mauerwerk und Zinnen gekrönt und von Wartthürmen überragt, vor mir auf. Bald konnte ich drei Inselgruppen, welche durch Dämme mit einander ver-bunden schienen, unterscheiden; auf der mittleren erhob sich ein Schloß in mittelalterlichen Contouren. Weithin links stieg ein neues Felseneiland in zackigen Formen auf, nach Süden hin tauchte der Blick in eine unendliche blaue Ferne — in das Meer, welches Europa von Afrika trennt. Das Boot hielt jetzt den geraden Cours auf die mittlere Inselgruppe. Der Schiffer, der das Kreuz der Ehrenlegion am rothen Bande im

Knopfloch trug, welches er sich als Capitain eines Transport-
schiffes im Krimfeldzuge erworben hatte, wie er mir erzählte,
zeigte mit der Hand auf das weiße Felseneiland, und sagte:
„Schloß If!"

„Und links dort die zackige Felsengruppe in der Ferne?"

„Die Insel Tribulon. Sie erinnern sich mein Herr, es
ist die Insel, an der Alexander Dumas Edmond d'Antès
schwimmend landen ließ, als er statt des todten Abbé Faria
in dem Sack ins Meer geworfen wurde."

„Ich erinnere mich. Aber was ist Wahres an dem
Roman?"

„Edmond d'Antès brachte vierzehn Jahre in einem entsetzlichen Kerker im Schlosse If zu, der Abbé Faria saß dort
in einem ganz ähnlichen Kerker sechszehn Jahre, bis er wahnsinnig im Kerker gestorben ist. Edmond d'Antès und Faria
waren beide politische Gefangene, der Erstere Bonapartist, der
Andere träumte von dem Königreich Italien, welches heute zur
Wahrheit geworden ist. Edmond d'Antès wurde nach vierzehn
Jahren frei gelassen. Nur der Monte-Christo, in den Dumas
ihn später verwandelt hat, ist ein Phantasiebild des großen
Romanschriftstellers. Alles Andere ist wahr. Sie werden ja
die Kerker sehen."

„Und die eiserne Maske, und Philipp Egalité, der Herzog
von Orleans, der Vater des Bürgerkönigs — und Graf Mirabeau und die Juniinsurgenten?"

„Sie waren sämmtlich nach einander dort oben eingeschlossen; die eiserne Maske drei Monate, der Herzog von
Orleans sechs Monate, Graf Mirabeau zwei Jahre und fünf-

hundert Juniinsurgenten fünf Jahre. Sie werden die Kerker
alle dort oben sehen."

Währenddem waren wir dem fürchterlichen Schlosse ganz
nahe gekommen. Der Schiffer reffte das Segel ein und führte
mit dem Ruder das Boot um einen Felsenvorsprung herum
in die kleine Bucht, welche die Insel Ratonneau und das
Eiland bildet, auf dem sich Schloß If erhebt. Noch einige
Minuten, und wir hielten an einer Felsenplatte, die als Lan-
dungsplatz dient.

Ein in den Felsen gehauener Stufenweg führte in vielen
Windungen zu dem kleinen Plateau hinauf, welches sich einige
hundert Fuß über den Spiegel des Meeres erhebt. In der
Mitte des Plateaus steht das Schloß, quadratförmig gebaut,
von zwei dicken Wartthürmen in der Fronte flankirt, von einem
dritten höheren Wartthurm überragt, rings von einem tiefen
Graben umgeben, über den eine hölzerne, gebrechliche Zugbrücke
führt. Jeder der beiden Thürme hat ein kleines Fenster, mit
Eisenstäben vergittert. Aus den Fenstern blickte die eiserne
Maske und Philipp Egalité auf die malerischen Höhenzüge,
welche die Südküste der Provence umsäumen; der Eine, bis
man ihn in die Bastille führte, um dort zu sterben, der Andere,
bis man ihm auf dem Revolutionsplatze in Paris den Kopf
abschlug. Welche Erinnerungen kleben an diesen Mauern, die
mich jetzt so düster und so altersgrau anblickten! Schreckliches
Gefängniß! Die grausamen und despotischen Bourbonen, die
große Revolution, welche das ganze alte Europa über den
Haufen warf, Ludwig der Achtzehnte, der in der Verbannung
nichts gelernt und nichts vergessen hatte, und die Bourgeoisie

5 *

der Februarrepublik haben dort Alle nacheinander ihre fürchterlichen Urtel vollstreckt.

Ein altes Mütterchen, die Frau des Castellans, führte
mich über die schwankende Zugbrücke, und durch ein gewölbtes
Thor traten wir in einen kleinen viereckigen Hof. Ich stand
im Hofe des Schlosses If.

Gerade vor mir erhob sich der hohe Thurm, den ich schon
weit aus der Ferne erblickt hatte. Rechts und links und vor
mir führten gewölbte Thüren in die[]untern Räume des
Schlosses; in der halben Höhe der Mauer lief eine Gallerie,
von der man die oberen Räume des Schlosses betrat; zu der
Gallerie stieg man auf einer gewundenen Eisentreppe hinauf.
Von oben blickte in den düstern Hof der blaue, sonnige Frühlingshimmel hinein.

„Ich werde Sie nun zuerst in den Kerker von Edmond
d'Antès führen, mein Herr," näselte das Mütterchen, „oder
des Grafen Monte-Christo; er saß dort vierzehn Jahre."

Und sie schloß eine schwere Holzthür in der Mauer an
der linken Seite des Hofes auf. Wir traten in einen gewölbten, kellerartigen Raum, der eine Länge von sechszehn Schritt
und eine Breite von fünf Schritten hatte. Das Licht fiel
durch ein kleines, eisenvergittertes Fenster hinein. Oder nein,
es war kein Licht, es waren einige schwache Lichtstrahlen, bei
deren Schimmer ich das alte runzlige Gesicht des Mütterchens
nicht erkennen konnte. Eine feuchte Luft wehte mich an. „Und
hier saß wirklich Edmond d'Antès vierzehn Jahre?" sagte ich
schaudernd. „Ein politischer Gefangener, den man niemals
einen Proceß gemacht hat, der nur bonapartistischer Sympa-
thien verdächtig war, weil er in Marseille einige Briefe über-

geben hatte, deren Inhalt er vielleicht gar nicht kannte! Und diese Grausamkeit verübte ein Bourbon, nachdem er fast fünfundzwanzig Jahre das Brod des Exils gegessen hatte! Diese Race ist doch unverbesserlich!"

„Nur während des Tages, mein Herr, nur während des Tages," sagte das Mütterchen. „Sollen gleich sehen, wo er des Nachts war."

Dann zündete sie mittelst eines Schwefelholzes ein Stümpschen Talglicht an und schloß eine kleine Thür auf, welche in der Mauer befindlich war und die ich nicht bemerkt hatte. Gebückten Hauptes trat ich durch die Thür in ein ganz dunkles Loch. Ich fühlte mit den Händen die Mauer und maß das ganz dunkle Loch mit den Schritten, bis ich wieder an die Mauer stieß. Das Loch hatte eine Breite von zwei und eine Länge von vier Schritten. Mit dem Kopfe stieß ich an die Decke. Ich konnte nur gebückt stehen.

„Hier brachte Edmond d'Antès vierzehn Jahre alle Nächte zu," sagte die alte Frau; „während des Tages ließ man ihn in das große Gefängniß."

Ich schauderte. Das dunkle Loch erschien mir wie ein schwarzer Sarg. Alle schreckliche Stunden, welche Dumas in seinem Roman aus dem Kerkerleben des Unglücklichen schildert, stiegen vor mir auf, wie schwarze Gespenster. Nein, der geistvolle Romanschriftsteller hat den Kerker Monte-Christo's noch nicht schrecklich genug geschildert! Schaudernd trat ich aus dem dunkeln Loche. Das Stück Himmel über dem düstern Gefängnißhofe erschien mir jetzt noch einmal so sonnig und so blau, wie vorher. Ich athmete wieder auf. Balsamisch, wie der Odem des Himmels, wehte mich die Frühlingsluft an.

Sie trug auf ihren Schwingen den Duft der Veilchen, der ersten und lieblichsten Frühlingsblumen.

Die alte Frau mit dem Schlüsselbunde stand wieder neben mir. Sie hatte den Kerker Monte-Christo's von Neuem verschlossen. „Nun sollen Sie den Kerker des Abbé Faria sehen," sagte sie mit schwacher, zitternder Stimme. Dann trippelte sie über den Hof und schritt durch die Thür, welche dem Eingangsthore gerade gegenüber liegt. Ich folgte ihr und betrat einen ziemlich großen, halbdunkeln, kellerartig gewölbten Raum. Aus dem Raume führte eine Thür in einen andern Kerker. Es war ganz dunkel. Das alte Mütterchen zündete mit dem Schwefelholz von Neuem ihr Talgstümpfchen an. Ich blickte mich um. Nackte Wände, welche einen Raum von ungefähr acht Schritt Breite und Länge umschlossen. Im Hintergrunde des Kerkers war eine wallförmige Erhöhung in der ganzen Breite der Mauer.

„Dies ist die Wölbung des Kerkers, wo Monte-Christo schlief," sagte die Frau. „Durch dies Gewölbe ist der Abbé durchgebrochen, Sie wissen?"

„Ja, ja, ich weiß," sagte ich. Ich hatte die Schilderung Dumas', worin der Abbé einen Gang durch die Mauer in den Kerker Edmond d'Antès führt, erst kürzlich gelesen. Und der Abbé?" fragte ich.

„Er ist nach sechszehn Jahren in diesem Kerker gestorben .."

„Ließ man ihn nie heraus? Konnte er nicht den vorderen Raum betreten, wie Edmond d'Antès?"

„Nein, er war ja wahnsinnig." —

War es die Tradition aus dem Dumas'schen Roman, welche sich in dem Kopfe der Alten festgesetzt hatte, oder war der Abbé Faria wirklich wahnsinnig gewesen? Mußte sein Andenken noch mit dem Wahnsinn kämpfen, während er es während seines Lebens schon vergeblich gethan hatte? Aber wahnsinnig oder nicht! Auch für einen Wahnsinnigen war dieses finstere Loch ein fürchterlicher Kerker.

Und ich stand wiederum auf dem kleinen, engen Hofe, und noch sonniger und heiterer schaute mich der blaue Frühlingshimmel an. Und wieder rasselte die alte Frau mit ihrem Schlüsselbunde, und sie schloß in dem rechten Flügel des schrecklichen Schlosses eine Thür auf. Ich blickte in einen großen, kasemattenartig gewölbten Raum. Er war hell; denn er erhielt sein Licht durch die Fenster, welche nach dem Hofe hinausgingen. Es war das Gefängniß der Juniinsurgenten, welche die Bourgeoisie der Februarrepublik, nachdem sie mit den Kanonen Cavaignac's den Aufstand der Vorstädte in den Straßen von Paris niedergeworfen hatte, nach Schloß If führte. Sie brachten dort fünf Jahre zu. Im Jahre 1852 wurden die Uebriggebliebenen, deren Gefängnißzeit noch nicht abgelaufen oder die noch nicht gestorben waren, nach Cayenne gebracht. Sie schliefen indeß nur während der Nacht in diesen Kasematten oder in den Kammern des oberen Stockes. Während des Tages konnten sie sich auf dem Hofe oder auf der oberen Terrasse des Schlosses ergehen. Die Kasematten waren eben wie andere Kasematten. Sie waren nicht schlechter und nicht besser als die Kasematten des Schlosses Silberberg in Schlesien, in denen ich selbst viele Monate zugebracht habe. Ich sah, die moderne Zeit war doch etwas menschlicher mit den politischen Gefangenen umgegangen, als die Könige von Gottes Gnaden.

Nun stieg ich die gewundene eiserne Treppe hinauf, welche

zu der oberen Gallerie führte. Die Kerker der eisernen Maske, des Herzogs von Orleans, der sich Philipp Egalité nannte und mit der Revolution zu spielen versuchte, bis ihm diese den Kopf abschlug, und der Kerker Mirabeau's befanden sich im oberen Stock. Hier in einem hohen gewölbten Gemache mit einem vergitterten Fenster brachte der Mann, dem die Geschichte den Namen der „eisernen Maske" gegeben hat, drei Monate zu. Dann wurde er nach Paris in die Bastille geführt, wo er nach vielen Jahren gestorben ist. Die „eiserne Maske" ist bekanntlich eine Persönlichkeit aus der Regierungs= zeit Ludwig's des Vierzehnten, über deren eigentlichen Namen und Abstammung sich die Geschichtsschreiber vielfach den Kopf zerbrochen haben und deren Identität noch heute nicht unwider= leglich festgestellt ist. Noch immer behaupten Viele, der Mann mit der eisernen Maske sei ein Halbbruder Ludwigs des Vier= zehnten gewesen, der sich durch diese Gefangenschaft seiner habe entledigen wollen, während andere Geschichtsforscher in ihm einen italienischen Staatsmann erblicken, welcher an dem „großen Könige" einen Verrath begangen habe.

Dieselbe Gallerie, aus der wir den Kerker der eisernen Maske betreten haben, führt in einen andern Kerker, der sich in dem die rechte Seite des Schlosses flankirenden Wartthurm befindet. Der Kerker war hoch und weit, wie ein in Stein gehauenes Gewölbe. Ein kleines vergittertes Fenster erleuchtete ihn so ziemlich. Der Blick aus dem Fenster fiel auf das Meer und streifte über die weite, blaue Wasserfläche bis zu den Bergen. Ein weiter, schöner Blick! In der hintern Wand des Kerkers befanden sich zwei Eisenringe. Die alte Frau faßte einen dieser Ringe und sagte: „An diesem Ringe war der Herzog von Orleans angekettet, während er hier ge= fangen saß."

Ich war erstaunt über diese Vorrichtung. Selbst in den Kerkern Monte=Christo's und Faria's hatte ich keine Ketten bemerkt. Auf meine Frage erwiderte die Frau: „Er machte einen Fluchtversuch, der mißlang. Darauf wurde er mit einer Kette an die Mauer angeschlossen."

Wie mußte dem schlechten und lasterhaften Manne in diesem Kerker zu Muthe gewesen sein! Er hatte an allen Lastern des Königthums Theil genommen, um dasselbe stürzen zu helfen und dessen Ruin zu seinem eignen Vortheil auszu= beuten. Die goldstrahlenden Säle des Palais Royal, wo er jene glänzenden Feste gab, bei denen Jemand die prophetischen Worte äußerte: „Nous dansons sur un volcan," und dieser wüste, kellerartige Kerker, welche Contraste! Der Aufenthalt in diesem Kerker wurde mir widerlich. Nicht die Thränen eines Unglücklichen hatten diese kalten Steine benetzt, das Laster hatte sie beschmutzt.

„Führen Sie mich nun in den Kerker Mirabeau's," sagte ich zu der alten Frau; „er besaß wenigstens neben Lastern auch große Tugenden und eminente Talente."

Wir gingen die Gallerie entlang nach dem Theile des Schlosses, welcher der Eingangspforte gegenüberliegt. Auf der Langseite der Gallerie öffneten sich ebenfalls zwei Thüren, welche in Kasematten führten. Ich warf im Vorübergehen einen Blick hinein. „Auch hier waren die Juniinsurgenten einge= schlossen," sagte die Frau, „aber nur während der Nacht. Ich habe sie Alle gesehen. Wir hatten über fünfhundert im Schloß. Ich bin seit dem Jahre 1847 im Schlosse Jf."

Nun betraten wir die andere Seite des Schlosses. In der Ecke erhob sich der Wartthurm, der die andern Thürme hoch überragte. Hart an den Wartthurm stieß ein viereckiges, nicht gewölbtes Gemach, aus dem man die Aussicht auf den Schloßhof hatte. Die Frau öffnete die Thür. „Und wer hat diesen Kerker bewohnt?" fragte ich.

„Ein großer Todter, sagte das Mütterchen, „bevor er in den Sarg gelegt wurde."

„Ein Todter?" fragte ich verwundert. „Kerkerte man auch Todte ein in diesem fürchterlichen Schlosse?"

„Kennen Sie den Marschall Kleber," erwiderte die Frau, „den berühmten General, der mit dem Kaiser in der Schlacht an den Pyramiden focht?"

„Ob ich ihn kenne! Er war ein Republikaner, ein Mann von Ueberzeugung und edlen Eigenschaften des Herzens und des Charakters, ein Mann von Muth und Talent, wie nur Einer während der großen Revolution. Ein fanatischer Mamelut ermordete ihn in Cairo. Sein Ebenbild aus neuerer Zeit starb neulich in Basel, der Oberst Charras!"

„Er war es. Sein Leichnam wurde aus Aegypten herüber gebracht, um in Frankreich in vaterländischer Erde zu ruhen. Aber in Aegypten war die Pest. Deshalb wurde der Leichnam hier vierzehn Tage niedergelegt, bevor man ihn ans Land brachte."

Eine steinerne Wendeltreppe zog sich im Wartthurm aufwärts. Als wir auf der dritten Stufe standen, öffnete die Frau eine niedrige Thür. Sie führte in ein viereckiges Gemach. Das Gemach hatte ein größeres Fenster, als die anderen Kerker im Schlosse If. Aus dem Fenster blickte man auf die andere Seite des Meeres. Der Blick tauchte sich in die Unendlichkeit. Wenn das Auge so weit reichte, würde man aus diesem Fenster die afrikanische Küste erblicken können.

„Hier wurde Graf Mirabeau zwei Jahre gefangen gehalten," sagte die Frau. „Sein Vater ließ ihn einsperren, als er noch ein ganz junger Mann war. Sie wissen vielleicht?..."

„Ja, ja, ich weiß," erwiderte ich. Ich befand mich im Kerker des jungen Grafen Mirabeau, den sein eigener Vater auf Grund einer lettro de cachet König Ludwig's des Fünfzehnten mehrere Jahre einsperren ließ, weil er sich wider seinen Willen verheirathete und tolle Streiche machte, die dem Vater nicht behagten. Nun, jedenfalls war es der freundlichste Kerker im Schlosse If, wenn man einen Kerker in diesem fürchterlichen Schlosse überhaupt freundlich nennen kann.

Ich trat jetzt auf die Terrasse hinaus, troß des Mistrals, der mich umzuwerfen drohte. Der Blick war wundervoll. Wie ein prachtvolles Amphitheater stiegen die Paläste und Häuserreihen von Marseille im Osten am Gebirge empor; ein Mastenwald, mit den bunten Flaggen aller Nationen geschmückt, umsäumte ihre weißen Füße, welche die schöne Stadt in das blaue Meer tauchte. Rechts erhob sich aus der See die Insel Tribulon, deren zackige Contouren die Abensonne vergoldete, links erschien der blaue Höhenzug, mit dem die starre Küste der Provence ins Meer steigt, in rosafarbenem Schimmer, und wenn ich mich umwendete nach Süden, blickte ich nach Afrika. In der Betrachtung des wunderbar schönen und großartigen Meerbildes versunken, überhörte ich das Brausen des Mistrals und vergaß, wo ich stand. Aber dann blickte ich auf die Steine unter meinen Füßen. Sie waren mit Inschriften und Namen bedeckt. Ich bückte mich und las die Namen der Juniinsurgenten, welche hier fünf Jahre gefangen gehalten wurden. Die Worte „22. 23. Juni 1848" waren überall zwischen den Namen auf den weißen Steinen eingegraben. Es waren die Kampftage, an denen in Paris der Socialismus mit der Bourgeoisie focht. Schreckliche Erinnerung an jene Unglücklichen, welche Ferdinand Freiligrath so bezeichnend mit den Worten besingt: „Ihr vom Schicksalssturm am weitesten Getragnen, Ihr Junikämpfer von Paris, Ihr siegenden Geschlagnen." Und wo sind sie geblieben, die Unglückseligen?

„Ich. habe einige von ihnen wiederkehren sehen," sagte die alte Frau, welche in einen Winkel der Treppe zusammengekauert saß, um sich vor den kalten Stößen des Mistral zu schützen, „sie sind noch in Marseille; aber die meisten sind wohl in Cayenne gestorben."

Und doch waren sie noch die glücklichsten in diesem Schlosse gewesen, welches da unter meinen Füßen lag! Und nun schien es mir, als wenn alle Erinnerungen aus den Kerkern sich mir vor den Augen der Seele verkörperten; die Gestalt Monte-Christo's, der eisernen Maske, des Abbé Faria stiegen vor mir auf, die weißen Steine nahmen eine rothe Färbung an, als wären sie in Blut getaucht; eilig stürzte ich an der alten Frau vorüber, die enge Wendeltreppe hinab, über den schmalen Hof und über die gebrechliche Brücke. Ich athmete erst wieder auf, als ich das schreckliche Schloß aus dem Gesicht verloren hatte und mein leichtes Boot vor dem Winde pfeilschnell nach dem heitern und fröhlichen Marseille zurückflog.

Sechstes Kapitel.

In den unterirdischen Kerkern eines Tyrannenschlosses.

Von Außen drei runde Thürme, mächtige, epheubewachsene Mauern, vier viereckige Thürme in der Mitte, mit den Grundmauern auf einem Felsblocke ruhend, den die blauen Wogen des Genfer See's bespülen, heute mittelst einer hölzernen Brücke mit dem Seeufer von Montreux verbunden, finster und düster anzuschauen, geschwärzt vom Odem der Jahrhunderte, — so ist von Außen das Antlitz des berüchtigten Tyrannenschlosses, in dessen unterirdischen Kerkern die Herzoge von Savoyen die Genfer Bürger begruben, welche mit dem Schwert, mit der Feder und mit dem Wort für die Befreiung ihrer Stadt kämpften.

> Es ist in Chillon ausgegossen
> Der Lemansee, ein Wasserschlund,
> Der tausend Fuß zählt bis zum Grund;
> So weit fiel's Maaß, das man warf aus
> Von Chillons weißem Kerkerhaus,
> Das rings von Wasser ist umschlossen;
> So halten doppelt Well' und Mauer
> Den Lebenden in Grabes Schauer.*)

---

*) Byron's Gedichte: Der Gefangene in Chillon.

Wenig Feudalschlösser habe ich gesehen, welche ihren Charakter so durch ihr Äußeres repräsentiren, wie das Schloß Chillon. Schon vor vielen Jahrhunderten dienten seine düstern Thürme als Gefängniß. Der schwache Sohn Karl's des Großen ließ dort den edlen und freisinnigen Abt Wala von Corvey einterkern. Der Gefangene sah nur den Himmel, den See und die Alpen, wie ein Chronikenschreiber der damaligen Zeit berichtet. Seine heutige trotzige und finstere Gestalt erhielt das Schloß im dreizehnten Jahrhundert durch Graf Peter von Savoyen. Auch der innere kleine viereckige Hof, den man betritt, wenn man die Brücke und das gewölbte, von einem viereckigen Thurm gekrönte Thor überschritten hat, ist ganz in diesem Charakter aufgebaut. Einen um so wunderbareren Kontrast zu dieser finstern Umgebung bietet deshalb dem Be= schauer die mit weißen Buchstaben in blauem Felde über dem Thor der Kastellanswohnung angebrachte Inschrift. Sie heißt „Liberté et patrie" — Freiheit und Vaterland. Ja, die schwei= zerische Freiheit und das Vaterland und das Schwert der Eid= genossen haben diese Tyrannenburg erstürmt und in seinem düstern Hofe mit leuchtenden Lettern die Worte angeschrieben: „Freiheit und Vaterland!" Zu Wasser stürmten es die Genfer von ihren Schiffen, zu Lande erstiegen die finstern Mauern die Berner mit ihren Sturmleitern, erschlugen die Söldner und Knechte der Tyrannen mit ihren Streitäxten und Helle= barden, und befreiten den edlen Bonnivard und die Bürger der „freien" Stadt Genf, deren Haar in den unterirdischen Kerkern des „Zwing Uri" die lange Zahl der Jahre ihrer Gefangenschaft gebleicht hatte.

Gleich neben dem zierlichen steinernen Thore, dessen Bogen

jetzt die Worte „Freiheit und Vaterland" schmücken, ist der Eingang zu den unterirdischen Kerkern des Schlosses. Eine Steintreppe von fünfzehn Stufen führt abwärts in den Schooß der Erde. Die Stufen sind feucht. Der Odem der Kerkerluft hat sie gefeuchtet. Steigen wir hinab. Die Gewölbe liegen unter dem Seespiegel. Byron läßt die Gefangenen von Chillon sagen:

„Die Wölbung, unter der wir lagen,
War tiefer als der Wellen Ragen,
Die Nachts ich hörte, wie an Tagen,
So wie sie stiegen und dann sanken;
Durch's Gitter wurden sie geschlagen,
Auch gegen mich, wenn Winde rauh
Und treulos ihrem Himmelsblau;
Dann fühlt' ich fast den Felsen schwanken,
Ich aber konnte doch nicht wanken;
Mich hätte ja der Tod geletzt,
Weil er in Freiheit mich gesetzt."

Unten nimmt uns eine hohe gewölbte Halle auf. Die Halle muß aus den ältesten Zeiten des Schlosses stammen. Wahrscheinlich betrat schon der edle Dulder Wala von Corvey ihre Steinfliesen. Der Baustiel der Halle ist rein gothisch. Hohe Spitzbogen, von zwei starken, freistehenden Pfeilern getragen, stützen das Gewölbe. Ein Thor mit hochgeschwungenem Rundbogen führt in den zweiten anstoßenden Raum. Auch er hat die Gestalt einer weiten Halle; die gewölbte Decke ruht auf zwei Reihen Spitzbogen, welche in der Mitte von vier runden, freistehenden Säulen getragen werden. Ich messe die Länge der Halle; sie beträgt dreißig Schritte. Ich stand in dem ersten der unterirdischen Kerker des Tyrannenschlosses.

Es war um Mittag an einem sonnigen Frühlingstage, als ich
das Gewölbe betrat; trotz der Stunde und trotz der Jahres=
zeit war der Raum, welcher durch vier schmale, gewölbte Schieß=
scharten erhellt wurde, fast dunkel.

— „Bleich war Alles, grau und kahl,
Es war nicht Nacht, nicht Tagesstrahl,
Es war nicht einmal Kerkerlicht
So ekel meinem Angesicht;
Ein leerer Raum, der kahl begrenzt,
Aus welchem nichts entgegen glänzt."

Ein niedriges Thor mit Rundbogen führte in ein noch
weit größeres Gewölbe, dessen Decke ebenfalls auf zwei Reihen
schön geschwungener Spitzbogen ruhte, welche in der Mitte von
sieben runden, freistehenden Säulen getragen wurden, während
sie zu beiden Seiten in den Quadersteinen und Mauern ihre
Stützpunkte fanden.

„Es sind sieben Säulen von goth'scher Gestalt,
In Chillons düsterm Gefängnißhalt;
Es sind sieben Säulen, in Stärke sie prangen,
Daß grau sie, das wies mir ein Strahl, der gesenkt,
Der von seinem Weg, wie verirret gegangen,
Doch nun, da gedrungen er ein in die Kluft,
Auch blieb in dem Raum, wo beenget die Luft;
Matt sah durch das fernste Gewölb' ich ihn streifen,
Dem schwankenden Lichte des Sumpfs zu vergleichen.

Ich stand im Kerker der Staatsgefangenen der Herzoge
von Savoyen, im Kerker Bonnivard's, des Genfer Freiheits=
kämpfers. Ich schauderte, denn ich dachte an den Jammer,
an die Thränen, an die Sorgen und an alle das Elend,
welches dieser weite Kerker durch Jahrhunderte begraben hat.

Aus diesen unterirdischen Gewölben ging es auf einer in der Mauer verborgenen schmalen Treppe in den Saal des Gerichts, in die Folterkammer und dann wieder abwärts in das Gemach, worin die Verurtheilten gehängt und dann in den See geworfen wurden — oder in den großen, viereckigen Thurm, den man von außen weit über die epheubewachsenen Mauern hervorragen sieht. Er heißt noch heute „la tour des oubliettes". Seine unterste Hälfte bildete ein Verließ, welches in die Tiefe des See's führt. Ich suchte in der Dunkelheit nach dem Pfeiler, an welchem Bonnivard während sechs Jahre mit seiner Kette angeschmiedet war. Da fühlte ich den eisernen Ring, an welchem die Kette befestigt war, die sich mit ihrem andern Ende um seinen Fuß schlang. Rund um den Pfeiler in der Länge der Kette war der Boden niedergetreten. Es waren die Fußstapfen Bonnivard's, in welche ich trat. Seine Füße hatten während der sechs Jahre, in denen er die Säule umschritt, den steinernen Boden der Halle ausgehöhlt.

„Franz von Bonnivard, Sohn Ludwigs von Bonnivard, geborner von Seyssel und Herr von Cunes," heißt es in Byron's Noten zum Gesangenen von Chillon, „kam zur Welt 1496 und studirte zu Turin. 1510 überließ ihm sein Oheim Johann Amadäus von Bonnivard die Priorei von St. Victor, die sich bis an die Mauern von Genf erstreckte und eine sehr beträchtliche Pfründe war. Dieser große Mann — Bonnivard verdient diesen Titel durch seine Seelenstärke, durch die Gerabheit seines Herzens, durch den Adel seiner Gesinnungen, durch die Weisheit seiner Rathschläge, durch den Muth in allen seinen Handlungen, durch die Ausgedehntheit seines Wissens, durch die Lebendigkeit seines Geistes, — dieser große Mann also,

„Es war das Gemach der von den Gerichten der Herzoge zum Tode Verurtheilten. Alle Gehängte haben hier die letzte Nacht zugebracht. Der Stein dort in der Nische diente ihnen als letztes Lager."

Der Mann hielt die Fackel in der Richtung der Nische. Ihre rothen Reflexe glitten über den breiten Stein, der ihnen zum Bette diente in der letzten Nacht. Schreckliche Erinnerung!

„Nun sollen Sie die Hinrichtungskammer sehen," sagte der Mann, „treten Sie ein."

Er ging voran durch ein neues steinernes Thor. Es führte wiederum in ein neues hohes Gewölbe. Die Spitzbogen, der Pfeiler, der die Decke trug, die Thorbogen, waren in demselben Baustyl, wie in den andern Kerkern. Der Mann hielt die Fackel in die Höhe. „Sehen Sie dort, Herr," sagte er. Ich blickte hin. In der Höhe, fast an der Decke, war ein vom Odem der Zeit geschwärzter Balken 'in horizontaler Richtung in die Seitenmauern eingerammt. In der Mitte des Balkens war ein eiserner Ring angebracht, und von dem Ring hing ein Strick zum Boden hinab.

„An dem Balken wurden alle zum Tode Verurtheilten gehängt, nachdem sie die letzte Nacht in jenem Raume, den Sie so eben gesehen, zugebracht hatten," sagte der Mann, und dann wurden ihre Leiber durch jene Thür da in den See geworfen. Sehen Sie dort die Thür. Sie ist nun zugemauert."

Er hielt die Fackel abwärts zum Boden an die Stelle, wo ich stand. Ich blickte hin. Wirklich, die Thür war noch

ganz deutlich zu erkennen! Es war ein viereckiges Loch, un=
gefähr von der Breite und Höhe von vier Fuß.

Mir wurde immer schauerlicher zu Muthe. Ich dachte
an alle schrecklichen Friedhöfe, die ich schon gesehen hatte, an
den Friedhof des Schlosses If, wo die im Kerker Gestorbenen,
in einen Sack gehüllt, einen Stein am Fuß, von der Höhe
des Felsens in's Meer geworfen worden, an den Friedhof des
Tower in London, an die Gewölbe der Kapelle, wo die Her=
zoge, die Peers, die Grafen und Lords, wo alle die vornehmen
Herren und Frauen, wo Katharina Howard und Jane Gray
mit den Köpfen unter den Armen schlafen, nachdem sie auf
dem grünen Platze vor der Kapelle enthauptet worden, an die
enge Steingallerie in Newgate mit der eisernen Gitterdecke, wo
die Verbrecher in mit Kalk gefüllten Särgen liegen, alle das
Genick gebrochen vom Strick des Nachrichters auf dem Platze
von Old=Bailey; ich dachte an den Kanal Orfano, dessen stille,
blaue Fluthen ich so oft mit der schwarzen Gondel durchschnitt,
wo der große Rath der Zehn die Staatsverbrecher in der Mitte
der Nacht ertränken ließ — — ich sah wieder nach dem schreck=
lichen Balken dort oben unter der Decke, der Strick schwankte
in dem Ringe, ich hätte hier nicht allein bleiben mögen. „Und
sind alle hier gehängt?" fragte ich schaudernd.

„Alle, Herr, welche für die Republik und gegen die Bi=
schöfe kämpften, die Reformatoren und die Staatsverbrecher,
wenn sie in die Gewalt der Herzoge geriethen."

Die Fackel war am Erlöschen. Ihr letztes Aufflackern
beleuchtete den Balken und die Wand mit blutrothen Lichtern.
Ich glaubte Blutflecken an den Steinen zu sehen. Eine schmale
Steintreppe mit verfallenen Stufen führte zu einer in der

Höhe in der Mauer befindlichen Thüre. „Und die schmale Treppe dort, die Thüre?" fragte ich.

„Sie führt in den Saal des Gerichts. Aber wir können hier nicht hinaufsteigen. Wir müssen vorn hinauf durch den Hof. Die Thüre ist vermauert."

Die Fackel erlosch. Ich suchte tappend mit meinem Begleiter den Rückweg durch das Gemach der zum Tode Verurtheilten, durch den Kerker Bonnivard's — die Nachmittagssonne warf glühende Reflexe auf die Säule, an der der Märtyrer angekettet war; ich sah jetzt, die Säule war mit Namen bedeckt, ich las die Namen von George Sand, Victor Hugo, Byron, Eugen Sue; nun durchschritt ich die vordere Halle, ich stieg die funfzehn feuchten Stufen hinan, ich athmete wieder auf; ich stand wieder in dem kleinen Hofe, dessen Konturen und Pfeiler die Nachmittagssonne vergoldete.

Mein Begleiter führte mich nun in einen zweiten Hof, der mit dem ersten Hof mittelst eines Thores in Verbindung stand. Der zweite Hof war von weit bedeutenderem Umfang, wie der erste. Unter einer Thüre mit steinernem Bogen eintretend, stiegen wir eine Treppe hinan, welche in den ersten Stock führte. Dann durchschritten wir zwei geräumige hohe Zimmer, deren bunte Glasfenster auf den See gingen. Beide Räume waren jetzt mit Kanonenröhren, Lafetten, Kugeln und andern Geschossen gefüllt. Das alte Tyrannenschloß muß heute als Zeughaus dienen. Aber die buntgetäfelten Decken, die mit rothen, blauen und grünen Farben gemalten Glasfenster waren noch wohl erhalten. Die Zimmer sahen ganz stattlich aus; sie hatten als Wartezimmer für die Gefangenen gedient, welche auf der heimlichen Treppe, die ich in der Hinrichtungskammer gesehen hatte, nach dem Saale des Gerichts geführt wurden. Die Bestimmung der berüchtigten Sala della Bussola im Dogenpalast zu Venedig und die Bestimmung dieser Räume war dieselbe gewesen. Hier warteten die Unglücklichen, hier bangten und zitterten sie — ihr Weg ging ja durch den Saal des Gerichts in die Folterkammer, und von dort gewöhnlich wieder in die unterirdischen Kerker, oft in den geheimnißvollen Thurm, der „la tour des oubliettes" heißt. Mein Begleiter öffnete im zweiten Zimmer eine Thüre. Ich trat in einen prächtigen großen Saal. Vier Säulen trugen seine hohe, mit bunten Farben geschmückte, getäfelte Holzdecke, und vier hohe Bogenfenster mit bunten Glasfenstern erleuchteten den weiten und hohen Raum. Ein gewaltiger steinerner Kamin befand sich in der den Fenstern gegenüberliegenden Rückwand des Saales. Seine Länge betrug achtzig Fuß. Ich trat an eines der hohen Bogenfenster, ich sah

„Der Berge scharfe, weiße Rücken,
Sah ihren tausendjähr'gen Schnee
Und unten ihren weiten See,
Der Rhone Lauf von eis'ger Höh';
Ich hörte, wie der Strom sich brach,
Da wo ein Stamm, ein Felsen lag,
Ich sah die Stadt mit weiten Grenzen,
Ich sah die weißen Segel glänzen,
Auch sah ich eine Insel klein,
Die lächelnd lieb lud zu sich ein." —

„Dieser Saal war der Saal des Gerichts," sagte mein Begleiter. Schrecklicher Saal, eben so schrecklich, wie der Saal der Inquisitoren im Dogenpalast zu Venedig, und auch eben so schön! Sollte ich diese entsetzlichen Kontraste, welche ich dort getroffen hatte, auch hier wieder finden? Dort ruhte der Blick der Angeklagten, wenn ihnen das Todesurtheil verkündigt wurde, auf den Meistergestalten Titian's und Tintoretto's, mit denen ihr farbenreicher, glühender Pinsel die Wände geschmückt hatte, auf blühenden, rosigen Mädchengesichtern, auf weißen Nacken und runden, schöngeformten Armen, auf Blumen und Kränzen, hier auf den wunderbaren Tinten des blauen See's, auf seinen mit weißen Städten und Weingeländen geschmückten Ufern, auf Schneebergen mit Zackenkronen und Diademen, welche purpurn im Abendsonnenschein glühten. Und alle die Freiheitskämpfer, die Streiter für das Licht des Glaubens, die Streiter für die Ideen und Grundsätze, welche im sechzehnten und siebenzehnten Jahrhundert das alte dynastische und pfäffische Europa erschütterten und besonders in Genf ihre Wurzeln hatten, waren durch diesen Saal geschritten, falls sie in die Gewalt der Bischöfe und der Herzöge gerathen waren, welche im engsten Bunde mit einander die politische und religiöse Freiheit Genfs niederzudrücken suchten. Wo wären die Despoten und die Pfaffen nicht immer mit einander im Bunde gewesen, wenn sie sich nicht aus egoistischen Motiven selbst bekämpften! Und ihre Mittel waren immer dieselben: die Kerker, die Folter, das Schaffot, das Beil und der Strick des Nachrichters!

Auch hier stieß die Folterkammer gleich hart an den Saal des Gerichts. Es war ein räumlich nur kleines Gemach, von der Höhe jenes Saals, von viereckiger Form, erleuchtet durch ein Bogenfenster, welches ebenfalls nach dem See hinausging. In der Mitte der Folterkammer stand eine hölzerne Säule, welche mit ihrem oberen Ende in der Decke befestigt war.

Die Säule war der einzige Rest der noch im Schlosse befindlichen Folterwerkzeuge. Sie hatte oben einen eisernen Ring,
an welchem vermittelst eines Strickes Diejenigen in die Höhe
gezogen wurden, welche die peinliche Frage vermittelst der Leiter
zu bestehen hatten. Aber, wenn auch die Folterwerkzeuge weg-
geräumt waren, die Erinnerung mit ihren gebrochenen Glie-
dern, mit den im Feuer versengten Fingern, mit den Bluts-
tropfen und mit dem Angstschweiß auf der Stirn, mit der
röchelnden Brust der unglücklichen Opfer des Pfaffenthums und
der Despotie — sie haftete an den Wänden, am Boden, an
der Decke des schrecklichen Gemachs.

„Ich werde Sie nun in den Thurm des Verließes führen,
Herr," sagte mein Begleiter.

Ich hatte in der That heute genug Schrecknisse der düstern
Vergangenheit des alten Tyrannenschlosses gesehen und wollte
schon auf den Besuch des finstern Thurmes verzichten, als
mein Begleiter mich versicherte, der Thurm sei der Schluß
dieser fürchterlichen Räume. So führte er mich denn über
Gänge und Treppen in einen dritten, kleinen Hof von düsterem
Charakter. In dem Hofe erhob sich ein viereckiger Thurm,
den ich schon außerhalb des Schlosses bemerkt hatte, da er
durch seine Höhe und durch seine Form alle anderen Thürme
des Schlosses überragte. Eine kolossale Eichenthüre mit einem
riesigen Schlosse und eisernen Riegeln verschloß seine niedrige
Pforte. Mein Führer schob die Riegel zurück, öffnete das
Schloß mit einem eben so riesigen Schlüssel, die Eichenthüre
knarrte, ich trat ein und vor mir öffnete sich ein schwarzer,
gemauerter Schlund, der sich in den Boden hinabsenkte. Sein

Ende war nicht zu erſehen. Es war ganz finſter dort unten.
Ich beugte mich nach vorn hinüber und hörte die Waſſer
rauſchen. Die rauſchenden Waſſer waren die Wogen des
Leman, welche ſich an dem unteren Gemäuer des ſchwarzen
Schlundes brachen. Ich deutete mit der Hand auf die ſchreck-
liche Oubliette.

„Das Loch iſt hundert und vierundachtzig Fuß tief,“ ſagte
mein Begleiter, „und endigt unter dem See. In dieſen Thurm
wurden alle Gefangenen geführt, denen man keinen Prozeß
machen wollte und welche verſchwinden ſollten. Sie wurden
in das Loch geſtürzt.“

Nach einer halben Stunde ſtand ich wieder auf den mit
Weinreben umrankten Höhen von Montreux. Die Abend-
ſonne hatte den blauen See und die glänzenden Schneeberge
und die im Frühlingsgrün ſchimmernden Ufer mit einem
leuchtenden Purpurmantel umhüllt. Das wunderbare Land-
ſchaftsbild war ganz in rothes, blaues und grünes Licht getaucht. Aber gerade unter mir erhob ſich aus den köſtlichen
Farbentinten das altersgraue Tyrannenſchloß mit ſeinen epheu-
bedeckten Mauern, mit ſeinen mächtigen Thürmen, das „an-
ſehnlich Schloß und gar wohl bewahret fürſtlich Haus,“ wie
Merian es 1556 nannte, trotzig und finſter anzuſchauen.
Aber die „Eidgenoſſen“, die Partei der politiſchen und reli-
giöſen Freiheit, hat in Genf über die „Mamelucken“, die
Söldner des Herzogs und des Erzbiſchofs geſiegt, und das „gar
wohl bewahret fürſtlich Haus“ iſt im Sturm genommen worden. Ueber dem Eingangsthore haben die Berner die Inſchrift
angebracht: „Gott der Herr ſegne den Eingang“. Man ſollte

die Worte Byron's aus dem Sonett auf Chillon über das
Thor schreiben:

> „Chillon! dein Kerker ist ein heilig Haus,
> Dein Boden ein Altar, denn ihn betrat,
> Bis seiner Füße Spur sich höhlte aus,
> Als ob der Plattengrund ein weicher Pfad,
> Einst Bonnivard! — O tilget nicht den Graus!
> Die Spur klagt an vor Gott Tyrannenthat."

Siebentes Kapitel.

Zwischen Eis und Schnee.

Mit langsam verhallenden Schlägen zeigte die Thurmuhr von Arona gerade die Mitternachtsstunde an, als ich vor dem Albergo b'Italia in den Wagen stieg, um bis zum Fuße des Simplon nach Domo d'Ossala zu fahren. Es war eine wundervolle Mondscheinnacht, zauberisch hell, duftig und warm, eine jener Nächte, von denen der Dichter Ludwig Tieck singt:

> „Mondbeglänzte Zaubernacht,
> Die den Sinn gefangen hält,
> Wunderbare Märchenwelt
> Steig' auf in der alten Pracht."

Die Straße lief immer hart am Ufer des schönen See's entlang, auf dessen lorbeerumkränzte Inseln Jean Paul den Schauplatz seines Titan verlegt hat. Es war hell wie am Tage. Wie weiße und grüne Bänder legten sich die zahllosen Landhäuser, Dörfer und Städte, die Reben, Feigen, Oliven und Kastanien um den tiefblauen schimmernden Spiegel des See's, oder wie ein Kranz von weißen Rosen auf grünem Blättergrunde, und der Mond streute weite, leuchtende Reflexe in die blaue Tiefe, in der sich die weißen Häuser und die

grünen Hügel spiegelten; mitten im See schwammen die wunderbaren Inseln, auf deren weißen Terrassen inmitten aller
Pracht der südlichen Pflanzenwelt, zwischen Magnolien, Cedern,
Lorbeer und Oleander „der geschmückte Thron des Frühlings"
sich erhebt, und wie Goldschaum schlugen die leuchtenden Wellen
an die hellen Gestade. Und im Norden stiegen hinter den
blühenden Terrassen, hinter den rauschenden Kastanienwäldern,
hinter den ganz in einen reichen, grünen Pflanzenmantel eingehüllten Vorbergen graue Granitmassen auf, welche im Mond-
licht aussahen wie gespenstische Riesen in langen grauen Mänteln,
und auf den Häuptern trugen die Bergriesen schimmernde weiße
Kronen, Reifen und Diademe — es waren der Gotthardt und
der Simplon, dessen weiße Zackenkronen ich noch heute Abend
berühren sollte, wenn sie von dunklem Sonnenroth vergoldet
waren. Dann verließ die Straße die Ufer des See's und stieg
langsam zwischen Kastanien- und Nußbaumwäldern aufwärts.
In den mächtigen Baumkronen flüsterte der Nachtwind und
neben der Straße rauschte der Strom. Der Strom war die
Tosa, welche am Griesgletscher auf dem Gotthardt entspringt.
Um sechs Uhr Morgens war ich in Domo d'Ossola, am Fuße
des Simplon.

Der Morgen war heiter und hell wie die Nacht, welche
ihm vorhergegangen war, ein italienischer Frühlingsmorgen mit
Sonnenschein und Blütenduft. Ich verließ den Wagen und
stieg zu Fuß das Tosathal hinan. Die Gegend war reich und
pittoresk. Himmel und Erde waren mit italienischen Farbentinten gefärbt. Die Thalsohle war breit, hie und da mit
Geröllmassen bedeckt, welche sich in der Form von großen Stein-
strömen neben der grünen Tosa betteten. Die grünen, sanft

ansteigenden Vorberge schmückten helle Häusergruppen mit schlanken Thürmen, Weingelände und breitästige Kastanien; Maulbeerbäume bedeckten die Ebene; links blickte ich in ein wildes, enges Thal. Es war ein wild gruppirtes Bild aus dem Hochgebirge mitten in einer ganz italienisch gefärbten Landschaft. Dann bog die Straße links ab. Ein enges Seiten= thal mit hohen Wänden nahm sie auf. Durch das Querthal steigt man gerade auf den Simplon. Die reichen italienischen Landschaftsbilder mit ihrem farbigen Kolorit, mit ihrem Blüten= hauch und mit ihrem wunderbaren Duft lagen hinter mir. Eine lange Reihe prächtiger und wilder Hochgebirgsbilder be= gann sich vor mir aufzurollen.

Der Fluß brauste nun unten in der Tiefe. Es war die Diveria, welche aus einem Gletscherbette des Simplon kommt und in die Tosa strömt. In weißem Schaum überstürzten sich seine grünen Wellen. Dunkle Eschengruppen bedeckten die Thalsohle. Die Straße kletterte in langsam ansteigenden Win= dungen mühsam die rechte Thalwand hlabn. Formation und Vegetation in der Schlucht waren bereits ganz alpenhaft. Die Erinnerung an die reiche Vegetation im Tosathal lag wie ein süßer Traum an einem rauhen Herbstmorgen hinter mir. Nur zuweilen tauchten noch einige matt gefärbte Berini der Ver= gangenheit in dieser Gebirgswildniß auf. Kleine Thalkessel mit wellenförmigen grünen Matten, helle Weingelände und kleine buntgefärbte Häusergruppen mit schlanken Thürmchen. Dann wurde das Thal wieder enger und wilder; steiler stiegen die Felsen hinan, und das Pulver hatte der Straße Platz machen müssen. Unter einem düstern Felsenbogen hindurch geist ich wieder aufwärts. Niemand begegnete mir, rundum war Alles einsam und still; das einzige Geräusch, das in dieser Gebirgswildniß an mein Ohr schlug, war das Getöse der Diveria in der Tiefe. Noch ein zweites, düsteres Felsenthor mußte der Straße Raum machen; es war die Gallerie von Crevola.

Aber der Charakter des Thals blieb auch nach der Gallerie von Crevola immer derselbe, himmelhohe, graugelbe und schwarzgefleckte Gneis- uud Schieferwände diesseits und jenseits der Thalsohle, nach zwei Stunden endlich ein langgestrecktes Dorf, düster und armselig; es war die letzte italienische Ortschaft; gleich hinter den letzten Häusern stand der Grenzstein zwischen der Schweiz und Italien mit der Inschrift „Italia". Wer von der Schweiz her diesen Grenzstein passirt, ahnt nicht, in welch' reiches Thal nach wenig Stunden die hinabsteigende Straße führt. Die trübe Ortschaft heißt Isella.

Nun lag der wildeste und grandiosefie Theil der Simplonstraße vor mir. Bis hieher war die Straße von der Tofa aufwärts ein unbedeutendes Vorspiel zu dem nun beginnenden eigentlichen Schauspiel. Man hatte mir in Arona erzählt, die Simplonstraße überträfe die Via Mala und die Gotthardtstraße an Pracht und wilder Großartigkeit. Ich war außerordentlich neugierig auf den Anblick; in einer halben Stunde sollte der Vorhang vor mir aufgezogen werden. Ich hatte bereits alle interessanten Alpenstraßen überstiegen, die Gotthardtstraße, die Via Mala und den Splügen, das Wormserjoch und den Finstermünzpaß, den Brenner und den Mont Cenis, den Sömmering und den Paß über den St. Bernhard — die Simplonstraße sollte nun meine letzte Alpenstraße werden. Nach einem leichten Frühstück im Posthause zu Isella stieg ich eilig neben

dem Grenzstein Italiens vorüber die wunderbare Straße auf=
wärts.

Zuerst ein düsterer hoher Thurm, grau, sechs Stockwerke
hoch, mit einem Ziegeldache, viereckig; rund um den Thurm
gruppirten sich einige Dutzend schlechte Häuser. Wie ein Riese
ragte der hohe, graue Thurm über den kleinen Häusern her=
vor. Vor vielen, vielen Jahren, als noch keine Straße, son=
dern nur ein Saumpfad über den Simplon führte, ließ die
Familie Stockalper in Brieg diesen Thurm, als Schutzhaus für
die Reisenden erbauen, welche im Sturm und Schnee ein
Unterkommen suchen würden. Heute dient er als Wirthshaus,
sieht aber wenig einladend aus. Gondo heißt das Dörfchen,
das sich um seine dicken Mauern schaart; es ist das letzte
schweizer Dorf. Die berühmte Gallerie von Gondo, die ich
gleich betreten sollte, führt nach dem Orte ihren Namen. Die
Schweizer sagen Gunz. Hinter dem grauen Thurm erhob sich
die Thalbildung zum Charakter schauerlicher Erhabenheit
und wilder Größe. Ich möchte wohl behaupten, kein Alpen=
querthal übertrifft die Schlucht von Gondo in dieser Form=
bildung, nicht einmal das Oetzthal in der berühmten Enge zwischen
Sölden und Zwieselstein. Die Thalsohle verschwindet nicht
ganz; die brausenden, weißschäumenden Wellen des Bergstrom's
nehmen ihre Stelle ein. Die graugelben, von schwarzen Schie=
ferstreifen durchzogenen Felswände steigen bis zu der schwin=
delnden Höhe von zweitausend Fuß ganz steil empor, in ihren
einzelnen Abstufungen und in den Kuppen die Gestalt von
Mauern, Bastionen und viereckigen Thürmen annehmend. Wie
eine steinerne Schlange kriecht die Straße in diesem wilden
Felsenlabyrinth hinan, meist eingesprengt und aufgemauert.

Die Vegetation hat fast gänzlich in dieser Wildniß der Natur aufgehört. Ein magerer Graswuchs kommt nur hie und da zum Vorschein, oder einige dunkle Tannenwipfel klimmen in den düstern Schluchten hinan, ohne daß man erkennen kann, wohin sie den Fuß gesetzt haben. Bei jeder neuen Windung, welche die Straße nimmt, erscheint das Thal wie vermauert; vergebens sucht das Auge nach einem Ausgang aus diesen steilen Kesseln. Da blickt man endlich in ein dunkles Loch. Jenseits des Loches stürzt der Alpienbach fast zweitausend Fuß hoch über die graugelben Gneis- und Schieferwände in den grünen Bergstrom, in der Höhe einem weißen, schimmernden Bande gleichend, dann sich in weiße, breite Schaumwellen auflösend, welche, nach der Tiefe stürzend, sich in duftige, silberfarbene Schleier verwandeln, die sich im Morgenwinde schaukeln. Das düstere Loch ist der Ausgang der Gallerie von Gondo, welche hier in der Gestalt eines kolossalen Tunnels die Felsmassen durchbricht, um der Straße einen Ausgang zu verschaffen. „Aere Italo 1805 Nap. Imp." ist über dem schwarzen Thore zu lesen. Die Gallerie hat eine Länge von nicht weniger als sechshundertdreiundachtzig Fuß und besteht eigentlich aus drei einzelnen gebogenen Gallerien, welche an verschiedenen Stellen vermittelst großer Seitenöffnungen Licht und Luft erhalten. Schaudernd betrat ich das schwarze Felsenthor. In der Mitte der gebogenen Gallerien bedeckten die Schatten der vorspringenden Felsen kurze Strecken der Straße mit so tiefer Dunkelheit, daß ich hätte glauben können, der Abend sei bereits angebrochen, obschon die Mittagssonne noch nicht bis zu ihrem Zenith hinangestiegen war; tropfenweis sickerten die Wasser durch die Felsendecke, und ein eisiger Hauch umwehte meine

durch die Anstrengung des Steigens glühende Stirn; dann
brachen Ströme von Licht und Luft durch die Felsenfenster in
die feuchte, finstere Enge, dann wieder Abenddunkel und Eis=
hauch, nochmals Sonnenlicht und Bergluft, endlich die dritte
Schlucht, welche die finsterste und die längste war.

Ich athmete ordentlich auf. Es war mir, als wenn ich
aus dem Schooß der Erde emporstiege. Die berühmte Schlucht
von Gondo, über deren Felsenbogen die Lawinen im Frühling
donnernd in das Thal stürzen, lag hinter mir. Der Theil
der Simplonstraße, welche nun vor mir aufstieg, führte zu den
grünen, wellenförmigen, baumarmen Plateaus, welche in den
Alpen die weißen Firnmeere berühren. Er gab indeß an
Wildheit und Großartigkeit der Strecke, welche ich so eben
durchschritten hatte, wenig nach. Eine kurze Gallerie führte
mich in das offene, wellenförmige Hochthal, auf dessen Matten
das Dorf Simplon liegt, unbedeutende, armselige Häuser=
gruppen mit Schindeln bedeckt. Der Winter dauert hier oben
acht Monate.

Diese offenen Hochthäler in den Alpen sind mir immer
am Wildesten erschienen, wenn sie auch eine weitgedehnte, aus
grünen Matten bestehende Sohle haben und in ihnen keine
Bergströme brausen und keine Wasserfälle rauschen. Sie sind
das Bild der sterbenden Natur, und an ihren Grenzen steht
der Tod mit der eisigen, schneebedeckten Hand. Nur während
des Hochsommers haucht die Kraft der Sonne ihnen einige
Wärme und einiges Leben ein. So erschien mir auch heute
das oberste Hochthal des Simplon. Es war noch im April.
Das Grün der Matten sah farblos und matt aus, wie
das Antlitz des Sterbenden kurz vor seinem Heimgange. Das

Thal glich einen trocken gelegten See; schneebedeckte Höhen und eiserstarrte Gletscher erhoben sich an seinen todten Ufern; die Straße war mit Schnee bedeckt. Im Grunde erschien ein alter, viereckiger Thurm, hoch und grau, ein Zwillingsbruder des Thurms, den ich vor der Schlucht von Gondo gesehen hatte. Es war das alte Hospiz auf der Simplonstraße, in welchem früher ein Pächter der Brieger Familie Stockalper lebte, der die Verpflichtung hatte, arme Reisende umsonst aufzunehmen und zu verpflegen. Noch eine Stunde lang stieg ich durch das öde Hochthal aufwärts; dann stand ich auf der Paßhöhe des Simplon, 6218 Fuß über dem Spiegel des Meeres. Die Straße wand sich ohne Steigung in horizontaler Richtung durch das wellenförmige, mit einem magern Graswuchs bedeckte Erdreich. Plötzlich erhob sich, bei einer neuen Biegung des Weges, vor mir ein mächtiges weißes Gebäude, groß wie ein Palast, drei Stock hoch, mit einer Frontenbreite von fünfzehn Fenstern. Das mächtige Gebäude war das Hospiz der Bernhardinermönche auf der Paßhöhe des Simplon. Hinter dem Hospiz stiegen die graugelben Felsmassen des prächtigen Monte Leone bis zu 10,977 Fuß in die Höhe. Mein heutiges Reiseziel war erreicht. Es war Nachmittags drei Uhr.

Kein lebendiges Wesen war rund um das Hospiz zu erblicken. Alles todt und öde. Einige scharfe Windstöße fegten vom Rautgletscher her über das Plateau. Es war mir, als wenn sie Eis auf ihren Schwingen trügen, so scharf berührte ihr Hauch das Gesicht. Eine hohe Freitreppe führte zu dem Thore des Gebäudes. Ich stieg dieselbe hinan und betrat einen weiten hohen Flur. Auf demselben begegnete mir ein großer, stattlicher Hund von der Race der berühmten Bernhardshunde

7*

und blickte mich mit seinen schönen, klugen Augen an. Dann erschien ein Mann im schwarzen, langen Priesterrocke, bis zum Hals zugeknöpft, ein dunkler, breiter Gürtel umschloß die Taille unter der Brust; es war einer von den Chorherren des Klosters. Ich ersuchte ihn in französischer Sprache um Aufnahme und Beherbergung für die Nacht. Freundlich reichte er mir die Hand zum Willkommen und forderte mich auf, in den Salon zu treten. Wir stiegen eine breite Treppe hinan, welche zum ersten Stock führte. Rechts und links öffnete sich oben der Durchblick auf einen hohen, breiten Gang, an dessen beiden Seiten die Zimmer lagen, welche zur Aufnahme der Reisenden bestimmt waren. Der Chorherr öffnete eine hohe Flügelthüre, welche in einen großen, stattlichen Saal führte. „Dies ist der Salon," sagte er; „wollen Sie nicht aber vorher in das Zimmer treten, welches Sie bewohnen werden?"

Ich bat darum. Dann führte er mich wieder in den Gang zurück und öffnete eine Thüre, welche mit einer Nummer versehen war. Ich trat in ein schönes, hohes Zimmer, dessen Fenster auf das Plateau gingen, dem das Hospiz seine Fronte zukehrte.

„Wir haben die Gewohnheit um zwölf Uhr zu frühstücken und um sechs Uhr zu Mittag zu speisen," sagte der Chorherr, „wünschen Sie aber jetzt zu speisen, so wollen Sie nur bestimmen."

Ich dankte für das freundliche Anerbieten und bat mir nur Kaffee mit Brod aus.

„Der Kaffee wird in einer Viertelstunde im Refektorium fertig sein; ich werde dann die Ehre haben, Sie zu benachrichtigen. Ihr Zimmer ist, wie ich sehe, vollständig zu Ihrer

Aufnahme in Ordnung. Gehen Sie gefälligst in den Salon, den Sie ja jetzt kennen. Sie werden dort Zeitungen und Bücher zu Ihrer Unterhaltung finden." Dann reichte der Mönch mir nochmals die Hand und empfahl sich auf baldiges Wiedersehen.

Jetzt war ich in dem Zimmer allein und hatte Muße, mich umzusehen. Das Zimmer war sehr reinlich, sogar mit einem gewissen Luxus gehalten. Ich hatte auf meiner Reise durch das nördliche Afrika und durch Italien lange nicht so schön gewohnt, wie in diesem stattlichen Gemache. Der Fuß= boden war mit Holz getäfelt, die hölzerne Decke mit weißer, glänzender Oelfarbe angestrichen, die Wände waren mit Tapeten bekleidet: rothe Rosen mit grünen Blättern auf weißem Grunde. Ein Sopha und bequeme Sessel standen an den Wänden, in der Ecke stand ein breites, frisch überzogenes Bett mit Gar= dinen von weißem Mull umhangen. Vor dem Bette lag ein weicher Teppich. Der Leser sieht, es fehlte nichts an der kom= fortabeln Einrichtung eines bequemen Schlafzimmers. Nachdem ich meine Reisetasche abgelegt und Hände und Gesicht ge= waschen hatte, ging ich wieder in den Salon.

Auch der Fußboden des Salons war mit braunem Holz getäfelt, die Decke mit weißer, glänzender Oelfarbe angestrichen, die hohen Fenster gingen ebenfalls auf das Bergplateau, dem das Kloster seine Fronte zukehrte. Die Wände waren mit einer hellen Tapete bekleidet. In der Mitte befand sich ein runder Tisch, um den bequeme Sessel standen. Ein Sopha nahm die Rückwand des Saales ein, welche mit mehreren Bildern geschmückt war, Oelgemälde und Kupfer= stiche. Die Einrichtung des Salons war, wie man sieht, ganz

darnach angethan, um sich, während draußen der Schneesturm
tobte oder ein eisiger Nordwind über die Höhen fegte, heimisch
und wohl zu fühlen. Auf dem Tische lagen Bücher und Zei=
tungen. Ich trat an den Tisch und fand die neueste fran=
zösische Zeitung und ein prachtvolles Kupferstichwerk, in dem
die hervorragendsten Bildwerke der öffentlichen Gallerieen in
Europa in schönen Stichen wiedergegeben waren. Es war das
bekannte in Paris erschienene Werk: Les galleries publiques
de L'Europe par Armengard. Ich war erstaunt, denn ich
hatte geglaubt, höchstens religiöse Unterhaltungsschriften und
kirchliche Blätter auf dem Tische der Bernhardinermönche zu
finden; aber ich war nicht weniger erfreut, als ich erstaunt war.

An der Rückwand hing ein großes Gemälde, welches die
Mitglieder der italienischen Königsfamilie darstellte. Die Wände
zu beiden Seiten der Thüre waren mit vortrefflich ausgeführten
Oelgemälden geschmückt. Das eine stellte im reichen Gold=
rahmen den Stifter des Bernhardinerordens, den heiligen Bern=
hard von Menthon, Archidiakonus zu Aosta dar. Er wurde
geboren im Jahre 923 und starb im Jahre 1008. Er grün=
dete im Jahre 962 die Klöster auf dem großen Sankt Bern=
hard, das Mutterhaus für die aus etwa vierzig Mitgliedern
bestehende Kongregation des Bernhardinerordens, und legte ihnen
die Verpflichtung auf, während des Winters und während der
Schneezeit, welche auf dem Bernhardspaß fast neun Monate
dauert, nach Hülfsbedürftigen umherzuspähen und die Reisenden
unentgeldlich aufzunehmen und zu verpflegen. Wenn man im
Winter den großen St. Bernhard überstiegen hat, wenn man
ferner weiß, daß die Zahl der armen Arbeiter, welche, um sich
ihr Brod zu erwerben, im Frühjahr nach Deutschland und im

Winter nach Italien gehen und den Bernhardspaß zu über-
steigen haben, jährlich 16—18,000 beträgt, so ist man erst im
Stande, die große Hülfe zu würdigen, welche den „Armen und
Elenden" dieser Erde durch Errichtung dieses großartigen Zu-
fluchtshauses geworden ist. Mit dem Gefühle der Hochachtung
in der Seele blickte ich in das ernste und schöne Gesicht des
Mannes, welches mich aus dem goldenen Rahmen anschaute.
Er zählte gewiß zu den wahren Bekennern der Christusreligion,
der Religion der Brüderlichkeit und der Liebe.

Das Bild auf der rechten Seite der Thüre gehörte einem
andern Manne an, einem Manne von eminenten Talenten und
großen Eigenschaften, aber einem Manne, der unter den größten
Egoisten und Despoten der Erde einen ersten Platz einnimmt.
Das trefflich gemalte Oelbild stellte Napoleon Bonaparte dar,
nicht den Kaiser, sondern den General der französischen Republik, wie er über den Simplon zog, um die cisalpinische Republik
jenseits der Alpen zu gründen, mit jugendfrischen Zügen, mit
strahlendem Auge, jung und schön, im rothen, reich mit Gold
gestickten Generalsrock. Der breite goldene Rahmen trug als
Inschrift den Artikel I. des Beschlusses der Konsuln vom
21. Februar, wodurch das Hospiz gegründet wurde. Die Inschrift lautete:

Arreté des consuls du 29 ventose An IX. Art. I: Jl
sera retabli sur le Simplon un hospice pareil à celui, qui
existe sur le grand St. Bernard. Cet hospice sera desservi
par les Religieux du même ordre, que ceux du grand St.
Bernard, et les Religieux seront soumis à la même discipline
et tenus observer les mêmes devoirs envers les voyageurs,
que ceux du grand St. Bernard.   Signé Bonaparte.

Ich stand noch im Anschauen des schönen Bildes versunken, als der Mönch wieder in den Salon trat, um mir zu sagen, daß der Kaffee bereit sei. Er führte mich in das Refektorium, welches im zweiten Stock lag. Der große und lange Saal war sowohl in den Wänden, wie in der Decke mit Holz getäfelt. Mein Kaffee stand nebst Brod, Butter und Honig auf der mit weißer Serviette bedeckten Tafel. Während ich mich an die Tafel setzte, um mir das weiße Brod, die treffliche Butter und den gut zubereiteten Kaffee gut schmecken zu lassen, unterhielt und bediente mich der Chorherr. Er that das ganz mit dem Anstand eines Weltmannes, der dem neben ihm sitzenden Gaste die Speisen reicht, welche ihm selbst so eben überreicht worden sind, als wenn es aus Höflichkeit geschehe, und fragte mich wiederholentlich, ob ich nicht einige Gläser Wein trinken oder kalte Küche verzehren wolle? Währenddem unterhielten wir uns von den großen politischen und sozialen Fragen des Tages. Ich war nicht wenig erstaunt über die Kenntnisse, über das politische Urtheil und noch weit mehr über die freisinnige Richtung, welche der Mönch in diesem Gespräch darlegte. Begeistert sprach er sich über den großen Triumph aus, den die Freiheit soeben jenseits des Meeres in Amerika errungen habe, und nannte die Niederlage der Südstaaten einen der größten und glänzendsten Siege, welche jemals sowohl in der alten wie in der neuen Welt von der großen Fortschrittspartei in der Entwicklung der Menschheit erfochten worden seien. Auch über die deutschen politischen Verhältnisse war der Mönch ganz vollkommen unterrichtet. Er bezeichnete die demokratische Föderativrepublik als die einzig mögliche Form für die Einheit und Freiheit Deutschlands und zweifelte auch gar nicht, daß sie der

Schlußstein der momentanen deutschen Parteikämpfe sein würde. Auch die Wiederherstellung der französischen Republik, meinte er, sei die unmittelbare Folge des Sturzes der napoleonischen Despotie, von der er in wenig schmeichelhaften Ausdrücken sprach. Vier Jahre dauert die Prüfungszeit der Novizen, welche die Absicht haben, in den Orden des heiligen Bernhard zu treten. Die Prüfungszeit ist rauh und hart; sie wird immer im Kloster auf dem großen St. Bernhard zugebracht, wo das Klima rauh und hart und der Dienst schwer ist. Das Hospiz auf dem großen St. Bernhard ist die höchste menschliche Winter= wohnung in den Alpen. Humboldt sagt im Kosmos, daß die mittlere Jahrestemperatur des St. Bernhard=Klosters (45 Grad nördlicher Breite) von — 0,79 Grad Reaumur (nämlich im Winter — 7,6 Grad, im Frühling — 3,1 Grad, im Som= mer — 7,2 Grad, im Herbst — 0,1 Grad) sich in der Ebene erst bei einer Breite von 75 Grad (Südkap von Spitzbergen) wiederfinden werde. In diesem Klima gewöhnt sich der Körper des jungen Novizen nach und nach an die dort herrschende Temperatur. Ist sein Körper nicht tüchtig genug dazu, um eine so rauhe Temperatur ertragen zu können, so tritt er vor Beendigung seines Noviziats wieder aus. Die Zahl der Chor= herren auf dem Simplon betrug augenblicklich nur vier, von denen Einer die Würde des Priors bekleidete, während im Kloster auf dem großen Sanct Bernhard gegenwärtig dreizehn Chorherren mit sieben Knechten anwesend waren. Bekanntlich werden dort, um die verirrten Wanderer im Schnee aufzu= spähen, große Hunde einer eigenen Race vom feinsten Geruch gehalten, welche die Chorherren und die Knechte auf ihren Spähwegen begleiten. Auf dem Simplon befanden sich momentan zwei von diesen Hunden. Einer von ihnen hatte mich beim Eintritt in das Hospiz auf dem Flur begrüßt. Das Hospiz auf dem Simplon war, wie ich schon erwähnte, von dem General Napoleon Bonaparte, als er noch Konsul der französischen Republik war, gegründet worden. Es war mit einem Landgut in der Nähe von Paris dotirt, dessen Einnahmen jährlich ungefähr 15,000 Franken betrugen; diese Einnahmen genoß das Hospiz auch heute noch, doch waren sie kaum hinreichend, um die 6—7000 armen Reisenden zu verpflegen, welche im Winter und im Beginn des Frühjahres die Simplonstraße passiren, um sich in Italien oder in Deutschland Arbeit zu suchen. Das Hospiz auf dem Simplon konnte, wenn seine sämmtlichen Räumlichkeiten besetzt waren, dreihundert Reisende beherbergen.

So erzählte mir der Mönch, während er mir die letzte Tasse Kaffee reichte. Ich stand auf, um noch einen Spaziergang auf dem Plateau in der nächsten Umgebung des Klosters zu machen. „Wünschen Sie allein oder in unserer Gesellschaft zu Abend zu speisen, wir speisen um sechs Uhr?" fragte er, als ich ihm herzlich die Hand zum Abschiede reichte, „wir haben noch einen Gast, einen Pfarrer aus der Gegend von Martigny; er gehört ebenfalls unserer Brüderschaft an; Sie können ganz nach Ihrem Wunsch bestimmen."

Ich lachte. „Wie werde ich denn allein essen, hochwürdiger Herr," sagte ich, „wo ich in so vortrefflicher Gesellschaft speisen kann."

Um sechs Uhr war ich von meinem Spaziergange zurückgekehrt. Im Refektorium war der Prior des Klosters, ein noch junger Mann in der zweiten Hälfte der dreißiger Jahre, eine hohe und stattliche Gestalt mit südlichen Teint, dunkeln Augen und reichem schwarzen Haar, anwesend. Er begrüßte mich mit großer Herzlichkeit. Neben ihm stand ein alter Geist-licher, hoch in den siebenziger Jahren, der mir als der Vikar einer dem Bernhardinerkloster gehörigen Pfarre, in der Nähe von Martigny, vorgestellt wurde. Auch er gehörte dem Bern-harbinerorden an und hatte den größten Theil seines mühe-vollen Lebens auf den rauhen Höhen des großen St. Bernhard zugebracht. Vor zehn Jahren hatte er eine ruhige Stelle, das Vikariat in der Nähe von Martigny erhalten. Der Orden be-sitzt mehrere solcher Ruhestellen für die alten Tage der Mönche. Trotz seines hohen Alters war der geistliche Herr rüstig und munter, von einer seltenen geistigen Frische. Er machte einen Besuch bei den Mönchen im Simplonhospiz und wollte am folgenden Morgen in sein Vikariat bei Martigny zurückkehren. Er war aber nicht die Simplonstraße zu Fuß hinaufgestiegen, wie ich, sondern er war gefahren. Zu einer so starken Fuß-wanderung reichten seine körperlichen Kräfte wohl nicht mehr hin. Außer ihm und dem Prior war nur der Mönch an-wesend, welcher mich beim Eintritt in's Kloster empfangen und bewirthet hatte. Die übrigen beiden Mitglieder des Ordens, welche auf dem Simplon beschäftigt waren, waren seit mehreren Tagen, da in dieser Zeit der Besuch der Reisenden höchst spar-sam ist, auf einer Besuchsreise abwesend.

Nie werde ich das Abendessen vergessen, welches ich an diesem Abend im Hospiz auf dem Simplon in der Gesellschaft dieser würdigen Männer einnahm. Es war eines der interes-santesten Soupers, an denen ich Theil genommen habe. Vor dem Beginn desselben erhob sich der Prior und sprach das

Tischgebet. Einer von den im Hospiz für die groben Hand-
arbeiten angestellten jungen Menschen wartete auf, indem er
die Speisen auf den Tisch trug, welche mittelst einer in der
Wand befindlichen mechanischen Vorrichtung aus der im Erd=
geschoß befindlichen Küche in das Refektorium hinaufgewunden
wurden. Der jüngste Chorherr zerschnitt die Fleischspeisen und
legte mir, als dem Gaste, zuerst vor, während ich, bevor ich
mich selbst bediente, die Schüssel zuerst dem alten geistlichen
Herrn überreichte. Die Speisen waren mannigfaltig und gut
zubereitet, eine Suppe, mehrere Gemüse, mehrere Fleischspeisen
und eine Mehlspeise. Dazu wurde weißer und rother Wein
getrunken. Im Refektorium des Hospizes auf dem Simplon
wurde nicht gehungert und gefastet, wie im Refektorium des
Trappistenklosters bei Algier. Es wurde gut gegessen und ge=
trunken. Keiner von den an der Tafel sitzenden Mönche sprach
den Grundsatz aus: „Wir sind todt in dieser Welt und vege-
tiren nur im Stillschweigen, im Brevierablesen und in Selbst=
kasteiung," sondern sie sagten: „Wir leben in dieser Welt, und
wir finden unsere Aufgabe darin, unserem Leben in dieser
Welt einen Inhalt zu geben, und dieser Inhalt besteht in der
Ausübung der Pflichten der Brüderlichkeit und der Liebe, welche
uns die wahre Christusreligion auferlegt, und welche zu er-
füllen wir unsere Gelübde geleistet haben." Und dann erzählte
mir der alte Mann, der da vor mir saß mit den durchfurchten
Zügen, mit dem spärlichen weißen Haar, und der stattliche,
schöne Prior, der auch über zehn Jahre im Hospiz auf dem
großen St. Bernhard gewesen war, von ihren Mühen
und Anstrengungen, von den Schneestürmen im harten Winter,
von dem Suchen der verirrten Reisenden auf den verwehten

Pfaden; wie die edlen Hunde, den Kopf hoch gehoben, als
wenn sie das Bewußtsein und den Stolz ihres schweren Be-
rufs in sich trügen, vorausschritten, bis zum Nacken ganz in
einen weißen Schneemantel gehüllt, um vermittelst ihrer feinen
Geruchsnerven den Armen ausfindig zu machen, der, schon dem
Tode des Erfrierens nahe, ihrer Hülfe bedürfe. — „Nein,
unser Aufenthalt auf dem Simplon ist ja mit dem Aufenthalt
im Hospiz auf dem großen St. Bernhard gar nicht zu vergleichen; ich kann den Dienst in diesem Hospiz nur als eine
Erholung betrachten," rief der Prior nach einigen derartigen
Schilderungen aus, wo die Schneestürme, die Unwetter, die
feuchten, kalten Nebel, welche ich ja alle selbst bei meinen viel-
fachen Alpenwanderungen kennen gelernt und empfunden hatte,
vor meinem Geiste vorübergezogen waren.

Am andern Morgen um neun Uhr verließ ich das Hospiz
auf der Simplonstraße, um nach Brieg in die Schweiz hinab-
zusteigen und auf der Eisenbahn, welche von Sion am Genfer
See vorüber nach Basel führt, nach Deutschland zurückzukehren.
Der Prior war allein im Hospiz anwesend. Der jüngere Chorherr begleitete den ehrwürdigen Vikar in dem kleinen Wagen
des Hospizes bis nach Brieg. Wir frühstückten allein; dann
wünschte ich vor meiner Abreise in die Kirche des Klosters geführt zu werden. In der Kirche befindet sich ein Opferstock,
und ich wollte doch das Kloster nicht ohne eine Vergütung für
die mir gewordene gastliche Aufnahme und Bewirthung verlassen. Der Prior mochte meine Absicht ahnen, und versicherte
mich mehrmals lächelnd, die Kapelle enthalte nichts für mich
Bemerkenswerthes, auch nicht einmal ein Bild von irgend einer
künstlerischen Bedeutung. Ich hätte ja alle die wunderbaren

Kirchen in Mailand, Florenz, Rom und Neapel mit ihren reichen Kunstschätzen gesehen; wozu ich die arme Klosterkirche in Augenschein nehmen wolle? Nur mit Mühe gelang es mir, meinen Willen durchzusetzen und mich meiner Pflicht zu entledigen. Der Prior begleitete mich bis zu dem großen Hausthor. Noch einmal richtete sich der große schöne Hund an mir in die Höhe, mich mit seinen schönen klugen Augen anblickend. Dann nahm ich von dem Prior Abschied. Herzlich und freundschaftlichst schüttelte ich dem wackern Mann die Hand, und mit dem Gefühle tiefer Hochachtung gegen diese armen Mönche, welche in den Jahren, wo andere Menschen dahin streben, die Freuden des Lebens in vollen Zügen zu genießen, sich demüthig dem Dienst „der Armen und der Elenden" auf dieser Erde gewidmet haben, stieg ich die einsame Straße nach Brieg hinab.

Achtes Kapitel.

Die Stadt Palladio's.

So oft ich auch schon auf der Eisenstraße von Venedig nach Mailand gefahren war, noch niemals hatte ich Vicenza besucht. Im Sommer des Jahres 1848 hatten mich die blutigen Kämpfe der italienischen und österreichischen Truppen am Monte Berico vom Besuche der interessanten Stadt abgehalten; im Sommer 1859 war es der Kanonendonner, der vom Schlachtfelde von Magenta herüberhallte und mich in stürmischer Eile von Osten nach Westen führte, und ein Jahr später ließen mir die Siege Garibaldi's in Sicilien keine Zeit, um so schnell wie möglich nach Südwitalien zu gelangen und dem Siegeszuge des großen Befreiers des Königreichs beider Sicilien von der Bourbonenherrschaft nach Neapel beizuwohnen. Ein Gang durch Padua hatte damals zwei Jahrtausende in marmornen Denkmälern, in altrömischen Bauwerken, in Fresken der glänzendsten Maler des Mittelalters und in den prächtigen Gebäuden seiner ersten Baumeister — eine Welt von Erinnerungen und von Schmerzen — vor meinen Augen vorübergeführt; den alten Herrschersitz der Scala, Visconti und Carrara, den Zufluchtsort des Dichters der göttlichen Komödie, die Stadt Romeo's und Julia's, deren treue Liebe der größte Dichtergenius aller Zeiten gefeiert hat, hatte ich mehrmals besucht; ich hatte die düstern Straßen von Brescia durchwandert und die Trümmer des Tempels gesehen, den der Römerkaiser Vespasian aus Dankbarkeit für den von Brescia empfangenen Beistand gegen Vitellius erbaute. Wundervolle Säulenknäufe und Trümmerreste des Heidentempels, von Schlingpflanzen umkränzt, stehen und liegen in seinem Vorhofe umher — ein würdiger und malerischer Prolog zu den Schätzen des Alterthums, welche aus dem Schoß der Erde aufgestiegen sind und sich in der großen Rotunde dem verwunderten Auge des Beschauers zeigen, unter ihnen eine prachtvolle Victoria von Bronze, das größte von allen Gußwerken des Alterthums. In Bergamo hatte ich vom Marktplatz der obern Stadt das reiche Land der Bergamasken überschaut. Der Platz mit seinem prächtigen Kirchenrahmen ist ein charakteristisches Bild echt italienischer Baukunst. Das Mausoleum mit seiner vergoldeten Reiterstatue erinnert an die wilde Heldenzeit der Braccio und der Sforza. Und tief unter mir in den grünen Ebenen, welche sich bis zu der hohen Wand der Tiroler Alpen ausdehnen, blühten alle Arten von Agrumi, Granaten, Lorbeer und Oliven; Pomeranzen, Orangen- und Citronenspaliere standen in den Gärten; dazwischen erhoben sich stattliche Trompetenbäume, Pinien, Cypressen, Aloen und Cactus, und ihre Füße und ihre Stämme umkränzte die ganze Pracht der italienischen Trias und der Flora, und Wolken von Wohlgerüchen stiegen zu mir herauf. Aber vom Monte Berico bei Vicenza, von der Wallfahrtskirche Madonna del Monte, zu der man von der Porta Luzia in einem bedeckten, auf 180 Pfeilern ruhenden,

2000 Fuß langen Stufengange mit offenen Hallen hinauf-
steigt, hatte ich niemals das Land der Vincentiner überschaut,
welche sich, um sich vor den Ezzelino's und den Carrara's zu
schützen, im Anfang des fünfzehnten Jahrhunders unter den
Schutz des Löwen von San Marco begaben.

Die deutschen Schriftsteller, welche Italien seit den letzten
zwanzig Jahren bereisten und schilderten, haben Vicenza recht
vernachlässigt. In den Schriften von Adolf Stahr, Fanny
Lewald, und von Julius v. Kirchmann ist trotz aller son-
stigen interessanten Schilderungen oberitalienischer Städte von
Vicenza nirgends die Rede. Ich mußte bis zur italienischen
Reise Göthe's zurückgehen, um über Vicenza zu lesen. Göthe's
Briefe aus Vicenza datiren aus dem Herbst des Jahres 1786,
sind aber eigentlich recht arm an interessanten Mittheilungen. Göthe
hat in seiner italienischen Reise die ganze Strecke von „Verona
bis Venedig" auf einigen achtzig Octavblättern abgemacht. So
darf heutigen Tages nicht einmal ein gewöhnlicher Tourist
reisen, viel weniger ein Schriftsteller. „Stadt des Palladio",
„Stadt der Paläste" hatten die italienischen Freunde bei
meiner jetzigen Anwesenheit in Venedig Vicenza genannt und
mir dringendst angerathen, auf meiner Rückreise nach Verona
in Vicenza zu bleiben. „La grande" nennen die Italiener
Mailand; Brescia „l'armata", — „die Bewaffnete"; Venedig,
die berühmte Lagunenstadt, „la bella"; Bergamo, die Stadt
Torquato Tasso's; wohlan, wir wollen Vicenza „die Stadt
Palladio's" nennen. Der berühmte Baumeister ist dort
geboren und hat seine Vaterstadt mit zwanzig wundervollen
Palästen geschmückt. Man sagt, Palladio habe seine Landsleute so sehr für die Baulust enthusiasmirt, daß das Bauen

zu einer ordentlichen Sucht geworden sei und der größte Theil
der Einwohner sich darüber zu Grunde gerichtet habe.

Ueber die riesenhafte Lagunenbrücke, welche eine Länge
von 18,000 Fuß hat, die längste Brücke in Europa, rollt der
Eisenbahnzug von Venedig nach Mestre. Dann erweitert sich
die Ebene, von einem Wald von Maulbeerbäumen bedeckt,
zwischen deren Stämmen Rebenguirlanden flattern; rechts die
Tiroler Alpen in den sanften, mit einem grünen Pflanzenmantel umhüllten Formen des Urgebirges aufsteigend, links die
blauen Höhenzüge der Euganeischen Berge. Der Bahnzug
rauscht bei Marano, am schlanken Thurm von Dolo und bei
Ponte di Brenta vorüber. Immer mehr treten die Berge
zurück; blumige Wiesen und Gärten mit schlanken Pinien und
dunkeln Cypressen erscheinen zwischen den Maisfeldern und
Maulbeerbäumen — mit jeder Viertelstunde wächst die Schönheit der Landschaft. Das ist der Weg zur Stadt Palladio's!
Dann erblickt der Reisende in der blühenden Ebene ein lang-
gedehntes Häusermeer, aus dem Thürme in allen Baustylen
des Mittelalters aufragen. Das Häusermeer ist die Stadt
Padua, eine Stadt voll alten Glanzes und geschichtlicher Größe,
wie wenig oberitalienische Städte, jetzt etwas veröbet und verfallen.

Noch eine Station bei Pojano. Der Zug hält zum
zweiten Mal. Die grünen Höhen, welche sich links hart an
der Eisenstraße erheben, bilden den Monte Berico, von dessen
Gipfel die Wallfahrtskirche Madonna del Monte herabschaut.
Rechts eine weite grüne Ebene, auf der Reiter schöne Pferde
tummeln und Soldaten exerziren. Es ist das Marsfeld —
wir pflegen es in Deutschland Exerzierplatz zu nennen. Hinter

den Baumgruppen, welche jene Ebene einrahmen, Mauern und Thürme und ein prächtiges Thor: durch das Thor betritt man die Stadt Palladio's. Das prächtige Thor ist sein Werk und heißt „der Triumphbogen Palladio's". Der viereckige Thurm und das alte Mauerwerk stammen noch aus der Zeit der mittelalterlichen Kämpfe der italienischen Städte um die Suprematie, wo Vicenza mit einer doppelten Befestigungsmauer umgeben war. Heute hat der nationale Gedanke der Einheit auf der Basis der Freiheit sie alle vereinigt, während man in Deutschland sich einbildet, auf dem entgegengesetzten Wege zum Ziele zu gelangen.

Der Corso, welcher Vicenza von Westen nach Osten durchschneidet, ist eine prächtige Straße, breit, mit großen Steinplatten gepflastert; seine Seiten bilden prachtvolle Gebäude, unter denen sich die von der Meisterhand Palladio's erbauten Paläste durch erhabene Einfachheit, durch Ernst und Hoheit des Stils, durch gefällige Eleganz und ungezwungene Leichtigkeit auszeichnen. Das Jahrhundert Palladio's war das blühende Jahrhundert der Architektur in Italien. Palladio's Geist erhob sich über fast alle Künstler seiner Zeit und stand dem Größten unter ihnen zur Seite. Was den hohen Eigenschaften der griechischen Baukunst nicht entsprach, war ihm fremd. In allen seinen Gebäuden ist er sich gleich geblieben und noch heute ist er unter den großen italienischen Baumeistern aller Jahrhunderte das vollkommenste Vorbild zur Nachahmung. Davon überzeugt man sich, wenn man bei einem Gang durch diesen prachtvollen Corso die Paläste Losco, Moni, Sani, Scio, Marcantonio Tiene anschaut oder wenn man in eine der linken Seitenstraßen einbiegt und den Palast Valmarana betrachtet.

8*

Göthe sagt von diesen wundervollen Palästen: „Wenn man
Palladio's Werke gegenwärtig sieht, so erkennt man erst den
großen Werth derselben; denn sie sollen ja durch ihre wirkliche
Größe und Körperlichkeit das Auge füllen und durch die schöne
Harmonie ihrer Dimensionen nicht nur in abstracten Aufrissen,
sondern mit dem ganzen perspectivischen Vordringen und Zurück=
weichen den Geist befriedigen; und so sag' ich von Palladio:
es ist ein recht innerlich und von innen heraus großer Mensch
gewesen. Die höchste Schwierigkeit, mit der dieser Mann, wie
alle neueren Architekten, zu kämpfen hatte, ist die schickliche An=
wendung der Säulenordnungen in der bürgerlichen Baukunst;
denn Säulen und Mauern zu verbinden bleibt doch immer
ein Widerspruch. Aber, wie er das untereinander gearbeitet
hat, wie er durch die Gegenwart seiner Werke imponirt und
vergessen macht, daß er nur überredet. Es ist wirklich etwas
Göttliches in seinen Anlagen, völlig wie die Form des großen
Dichters, der aus Wahrheit und Lüge ein Drittes bildet, dessen
erborgtes Dasein uns bezaubert." Am östlichen Rande des Corso
steht ein kleines Haus, auch von Palladio erbaut. In archi=
tektonischer Beziehung zeichnet es sich durch Nichts aus. Es
hat nur zwei Fenster, welche durch einen breiten Raum getrennt
sind. Neben den großen und schönen Palästen des Corso er=
scheint es als das bescheidenste Haus von der Welt. Und doch
ist das kleine unscheinbare Haus das interessanteste Haus in
der Stadt. Der große Baumeister hat es für sich selbst erbaut.
Dort hat er gewohnt; dort ist er nach langem und ruhm=
vollen Leben gestorben. „Ecco Signore, la casa di Palladio",
sagte ein dunkeläugiger Knabe mit schönem, intelligentem
Gesicht, den ich nach dem kleinen Hause fragte, und seine Augen

blickten mich stolz an, als er den Namen des berühmtesten Bürgers von Vicenza aussprach. Dann ging ich wieder durch den Corso zurück, an der neuen Kirche San Filippo Neri vorüber und bog links in eine enge Seitengasse ein. Noch einige Schritte, und ein charakteristisches Bild echt italienischer Baukunst rollte sich vor mir auf. Stand ich denn wieder auf dem Platze von San Marco? Da sehe ich ja das phantastische Thor der Piazetta, zwischen dessen Säulen ich so oft auf „das Rom des Oceans" schaute! Zwei Säulen von rothem Granit wuchsen aus den Marmorfliesen des Bodens, die obern Enden mit überhangenden Kapitälern geschmückt. Von der Höhe der einen blickte mich der geflügelte Löwe von San Marco an; auf der andern stand der heilige Theodor mit seinem Crocodil, der Schutzpatron der venetianischen Republik. Ich war auf dem Rathhausplatz von Vicenza, auf der Piazza dei Signori. Die beiden Säulen stammten noch aus der venetianischen Zeit der Stadt. Und rund umher blickten mich wieder die Meisterwerke des berühmten Baumeisters an. Rechts erhob sich das Rathhaus, der Palazza del Consiglio, ein Gebäude von wunderbarer Schönheit und Verschiedenheit in seinen architektonischen Verhältnissen. Der Palazzo del Consiglio besteht eigentlich aus zwei Gebäuden, einem innern und einem äußern. Das innere Gebäude, das eigentliche Rathhaus, der Palazzo della Ragione, ein großartiger, gothischer Bau mit Spitzbogenfenstern, ist eins der ältesten Denkmale der Kunst Palladio's. Später wurde es, nach den Zeichnungen des Meisters auf Kosten der Stadt, in seinen äußern Ansichten erneuert. Die Kosten beliefen sich auf 3800 Dukaten. Man umgab den innern Bau, der gar keine Veränderung erlitten hat, mit drei prächtigen Façaden, welche ihre drei Fronten sämmtlich dem Platze zukehren. Die drei Façaden bestehen aus doppelten Arkaden von sechsunddreißig prächtigen jonischen und dorischen Bogen, mit Statuen, Basreliefs und Gesimsen geschmückt. Links ein anderer schöner Palast von zusammen= gesetzter Ordnung — die Loggia del Delegato, ebenfalls ein Meisterwerk Palladio's, welches er im Jahre 1571 schuf. Und dort sehe ich ihn ja selbst, den größten Baumeister Italiens, neben seiner Basilica! Von hohem Sockel schaut sein Marmor= standbild auf das Geschwirr und Geräusch, auf die Menschen= wogen des belebtesten Platzes der alten Stadt, auf die Meister= werke seiner Kunst, deren Portale, Fenster und Arkaden heute alle mit bunten Tricoloren geschmückt sind; denn Vicenza feiert heute sein Wiedergeburtsfest, seine Wiedervereinigung mit der italienischen Völkerfamilie, seine Befreiung vom Joche der Fremden. Auf den ernsten, energischen Zügen dieses geist= vollen Kopfes mit der hohen Stirn des Denkers, mit dem fast griechischen Profil scheint ein Lächeln zu schweben. „Evviva l'Italia, una e libera, evviva Garibaldi, evviva Palladio!" tönt es vom Platze zu dem Marmorbilde hinauf. Gajassi ist sein Schöpfer. Die Bürger von Vicenza haben es während des Kanonendonners von Magenta aufgerichtet.

Da spricht mich Jemand in deutscher Sprache an. Ver= wundert schaue ich mich um. Vor mir steht eine sonderbare Gestalt, ein ärmlich gekleideter Mann im Carbonarimantel, die gelben, verwitterten Züge von echt italienischem Gepräge, große, dunkle Augen, graues, gelocktes Haar. Der Mann erzählt mir von Palladio, und schildert mir die Schönheit des weißen Marmorstandbildes, welches dort von seinem hohen Sockel auf den Platz hinabschaut. Dann spricht er vom Olympischen Theater, von der Villa Rotonda Palladiana, vom Paul Veroneje und vom Monte Berico. Er will mich auf einem Spaziergange durch die Stadt begleiten und die Paläste Palladio's zeigen. Was ich ihm für seine Dienste als Cicerone geben will, soll ganz in meinem Belieben stehen. Ich kannte Niemanden in Vicenza. Es drängte mich, mit Jemandem über Palladio zu sprechen, dessen Meisterwerke mich bei jedem Schritte so groß und so erhaben anblickten. Ich nahm das Anerbieten der verwitterten Figur in dem verschossenen, schäbigen Carbonarimantel an. Vielleicht konnte er mir interessante Dinge über Palladio erzählen, da er ein geborner Vicentiner war. Auch konnte ich mit ihm die Sprache der Heimath sprechen. Schon seit mehreren Tagen hatte ich kein Wort Deutsch zu sprechen Gelegenheit gehabt. „Aber wohin gehen wir zuerst?" fragte ich meinen Cicerone.

„Ich werde Sie zuerst zum Teatro Olympico führen, Signore," sagte er, „und Ihnen unterwegs die Paläste Palladio's zeigen. Dann steige ich mit Ihnen auf den Monte Berico."

„Gut, gehen wir zum Teatro Olympico."

Er führte mich einen weiten und interessanten Weg durch die Stadt. Zwei Ströme, die aus dem Gebirge kommen, der Bachiglione und der Rerone, theilen die ältere Stadt, welche in ihrer Bauart den Quartieren von Verona gleicht, die von der Etsch durchströmt werden, in zwei verschiedene Theile, welche durch vier Brücken von verschiedener Bauart mit einander verbunden sind. Wir überschritten die Brücke San Michele; sie bestand aus einem einzigen kühn gewölbten

Bogen. Wer konnte die Brücke anders gebaut haben als Palladio? Mein Cicerone bejahte die Frage. Wir überschritten einige prächtige Plätze von weiten Dimensionen. Ueberall Pa= läste von Palladio. Auf dem Isolaplatze erhob sich ein Palast von äußerst großartigen und edlen Verhältnissen. Den untern Stock, das Erdgeschoß bildete eine dorische Colonnade ohne Postament. Sämmtliche Säulen standen auf einem einfachen Fußgestell, auf dem der ganze Palast ruhte. Der zweite Stock bestand aus halb eingemauerten jonischen Säulen, welche nur in den Ecklogen frei aus der Mauer hervortreten. Palladio war auch der Schöpfer dieses Palastes. Unser weiterer Weg führte an der Kathedrale und an der Dominikanerkirche Santa Corona vorüber. Die Cathedrale ist von gothischer Bauart. Das Chor ist neunzehn Stufen hoch und dominirt dem ganzen Schiff. Diese Einrichtung, welche übrigens eine gute Wir= kung macht, wurde deshalb getroffen, weil Papst Paul der Dritte die Vicentiner Cathedrale zu dem Concilium bestimmte, welches später zu Trient abgehalten worden ist. Die Cathe= brale ist sonst ohne architektonische Schönheiten, ebenso wie die Kirche Santa Corona. Vicenza hat nicht weniger als 75 Kirchen, worunter 14 Parochieen, 12 Bethäuser und 27 Kloster= kirchen sind; aber sämmtliche 75 Kirchen haben nichts Vorzüg= liches. Nur in der Dominikanerkirche sah ich einige schöne Gemälde von Paul Veronese, Tintoretto und Bassano. Das Gemälde Veronese's, die Anbetung der Weisen aus Morgen= land, ist ein herrliches Bild, auch recht gut erhalten. Nun standen wir vor dem Teatro Olympico, ein nach Vitruv's Beschreibung ausgeführtes altrömisches Theater. Das Teatro Olympico führt seinen Namen nach der Akademia

Olympica, einer der ältesten Akademien in Italien, welche fast ganz allein die Kosten seiner Erbauung bestritt. Mein Cicerone holte den Custode herbei, der mich durch eine Seitenthüre in den Zuschauerraum führte und mich so stellte, daß ich mit einem Blicke die Bühne und den Zuschauerraum überschaute. Der Anblick war überraschend. Ich stand plötzlich in der Mitte eines altrömischen Theaters, so wie die Römer ihre Theater vor zweitausend Jahren bauten, und konnte glauben, daß ich so mit einem Schritte achtzehn Jahrhunderte in die Vergangenheit hineingeschritten sei. Die Täuschung war vollkommen. Nichts erinnerte mich an die Gegenwart, als die moderne Kleidung des neben mir stehenden Custode. Wenn ich Podesta von Vicenza wäre, würde ich dem Custode vorschreiben, ein römisches Costüm anzulegen, wenn er einen Fremden in das Olympische Theater führte. Palladio hat als Selbstschöpfer seiner Plane, als er das Olympische Theater in Vicenza baute, von der Theaterbauart der Alten nur den Gedanken genommen, um ihn selbst auszubilden. Zum Vortheil der Stimme hat er statt des Halbzirkels die ellyptische Form des Amphitheaters gewählt, das Oval in der Mitte durchschnitten und die eine Hälfte zur Bühne, die andere Hälfte zum Zuschauerraum eingerichtet. Die Sitze des letzteren gehen von unten bis zu einem Drittel der Höhe des Gebäudes. Ueber den Sitzen sind Logen gebaut, welche eine Art von Tribüne rings um den Saal bis zur Scene bilden. Die Logen werden durch Säulen getheilt. Eine große Anzahl Bildsäulen griechischer und römischer Helden krönte das Ganze. Und nun der Blick auf die Scene! Die Vorderscene stellt einen dem Hercules gewidmeten Triumphbogen dar und ist mit zehn Basreliefs geschmückt, welche die Thaten des Hercules verherrlichen. Ueber dem Triumphbogen las ich folgende Worte: „Virtuti ac genio Olympicorum Academia teatrum hoc a fundamentis erexit anno 1854 Palladio archit." Die Façade des Theaters vor der Vorderscene war mit zwei Reihen korinthischer Säulen über einander geschmückt, auf denen dann noch eine Attike mit vielen Nischen und Säulen ruhte. Die untersten Säulen haben, wie mir der Custode sagte, zwanzig, die oberen sechzehn Fuß Höhe, während die Attike eine Höhe von neun und einen halben Fuß hat. Den ganzen Raum der Bühne nahm eine bleibende Decoration von erhabener Arbeit ein. Ich erblickte den Palast einer Stadt mit seinen Portalen. Die Gesichtspunkte waren so angebracht, daß die Straßen der Stadt mit ihren Häusern die weitere Perspective bildeten. Jeder Gegenstand war mit seiner natürlichen Farbe gemalt; die ganze Decoration war auf einem inclinirten Grunde angebracht, so daß ich auch die Richtung der einzelnen Häuser unterscheiden konnte.

Lange konnte ich mich von diesem wunderbaren Anblicke nicht trennen. Immer schaute ich von Neuem hin, rief mir Alles das in's Gedächtniß zurück, was ich von der Einrichtung der alten griechischen und römischen Theater wußte und empfand in diesem Anblick so recht, wie tief Palladio in den Geist der Alten eingedrungen ist. Der Custode war ein mit den Schön-heiten seines Theaters ganz vertrauter Mann, ein Custode, wie man ihn nirgends, außer in Italien findet. Ohne daß ich ihn auszufragen brauchte, machte er mich auf alle Einzeln-heiten in der Architektonik und in der Malerei der Decoration aufmerksam und begleitete mich hernach auf die Scene, um mir die Prospecte in der Nähe zu zeigen. Er sprach italienisch

und französisch; nach einiger Zeit entdeckte ich, daß er auch
Deutsch verstand und sprach. Er hatte Jahre lang eine vornehme englische Familie auf Reisen begleitet, bis er in Vicenza
heirathete und die Stelle als Custode im Olympischen Theater
erhielt: „Dann verstehen Sie auch wohl englisch?" fragte ich
ihn lachend in englischer Sprache, „Sie sind ja ein wahres
Sprachgenie." Er antwortete mir in ohne jeden Accent
gesprochenem Englisch, daß er auch englisch, außerdem russisch
und ziemlich gut arabisch verstehe, weil er viel im Orient
gereist sei. Die Verzierungen des Theaters, erzählte er mir,
seien nicht von Palladio, sondern von dem berühmten Architekten
Vincenzo Scamozzi, der sie, nach Palladio's 1580 erfolgten
Tode, ausgeführt hat. Man sieht das diesen Verzierungen
auf den ersten Blick an. Sie sind von etwas schwerfälligem
und kleinlichem Charakter, und tragen nicht das Gepräge von
Palladio's Geiste, der auch in den kleinsten Verzierungen den
Charakter der Dauer und Größe mit Leichtigkeit und Schönheit zu vereinigen verstanden hat. Im Jahre 1585 wurde
auf diesem Theater Sophokles Oedipus aufgeführt. Häufig
genug ist es aufgenommen und gezeichnet worden, leider ist es
niemals, seit den Jahrhunderten seiner Entstehung, nachgeahmt.
„So wenig wirkt oft ein nachahmungswürdiges Vorbild," sagt
darüber ein Schriftsteller des vorigen Jahrhunderts und fügt
hinzu: „So sehr drückt die Größe und Ueberlegenheit eines
Mannes seine Nachkommen, die ohne Muth und Kraft, sich
ihm nachzuschwingen, ihn nur bewundern können." Ich kann
diese Worte, nachdem ich das olympische Theater in Vicenza
gesehen habe, nur wiederholen. Ich halte es für das vorzüg-
lichste Werk des großen Baumeisters. Göthe sagt darüber:

„Das Olympische Theater ist ein Theater der Alten, im Kleinen realisirt und unaussprechlich schön; aber gegen die unsrigen kommt mir's vor, wie ein vornehmes, reiches, wohlgebildetes Kind gegen einen klugen Weltmenschen, der weder so vornehm, noch so reich, noch wohlgebildet, besser weiß, was er mit seinen Mitteln bewirken kann."*)

Nach dem Besuche des Theaters durchschritt ich mit meinem Cicerone die Stadt wieder von Westen nach Osten, um auf den Monte Berico zu steigen, jene Hügelreihe, welche sich östlich vor der Stadt, von der Porta Lucia bis zur Porta del Monte erhebt. Wir kamen an einer Straße vorüber, deren beide Seiten venetianische Paläste in Spitzbogenstyl einnahmen. Der Prospect war vollkommen venetianisch. Es fehlte nur der Canal mit einigen Brücken. „Alle Paläste, die sie dort sehen," sagte der Cicerone, „sind von Palladio." In den engen Straßen von Vicenza hat Palladio wirklich seine Kunst oft verschwendet. Man muß in diesen engen Straßen mit Mühe die Punkte aufsuchen, von denen man die architektonischen Vorzüge dieser wunderschönen Paläste in ihrer ganzen Schönheit übersehen kann. Auf unserm zweiten Spaziergange durch die Stadt fand ich erst die Zeit, meinen Cicerone zu fragen, wie es zuginge, daß er so fließend Deutsch spräche? Er erzählte mir nun, daß er gezwungen gewesen sei, acht Jahre in der österreichischen Armee als Soldat zu dienen. Er kannte alle Provinzen des aus so viel verschiedenen Nationalitäten zusammengewürfelten Kaiserreichs, war in Prag, Wien, Pest, Agram. Kronstadt und Temesvar in Garnison gewesen und hatte in

---

*) S. Italienische Reise. S. 65.

Temesvar nach seiner Entlassung aus der Armee zuletzt eine Gastwirthschaft angelegt. Schließlich war er, ich weiß nicht weshalb, wieder nach Vicenza zurückgekehrt, und ernährte sich dort als Commissionair und Lohndiener mit allerlei Geschäften. Den Ruhm seines großen Landsmannes Palladio hatte er übrigens auch in der Fremde nicht vergessen. Mit Kenntniß und Geschmack sprach er von den architektonischen Schönheiten seiner Paläste. Wir überschritten wieder den Rathhausplatz und verließen durch die Porta Lucia die Stadt.

Der Monte Berico hat noch einen zweiten Aufgang vor dem Thore del Monte. Dort bildet den Prolog zu der prächtigen Treppe ein von korinthischen Säulen getragener Triumphbogen, dessen Seiten mit Basreliefs und Bildsäulen geschmückt sind — natürlicherweise auch ein Werk Palladio's. Wo man in Vicenza und in der Umgegend ein Gebäude erblickt, welches sich durch erhabene Einfachheit, durch Hoheit und zugleich elegante Bauart auszeichnet, kann man sicher darauf rechnen, daß Palladio sein Schöpfer war. Palladio's Bauten haben Vicenza unsterblich gemacht. Der Vorwurf, der oft gegen ihn erhoben wird, Mangel an Kenntniß der inneren Vertheilung und bequemer Einrichtung gezeigt zu haben, ist eben so albern wie ungerecht. Ist es etwa ein Fehler, daß er sich bemühte, daß Innere seiner Paläste an Hoheit und Größe ihrer äußern Gestalt entsprechend einzurichten? Diesen Grundsatz haben alle italienischen Baumeister in ihren Palästen durchzuführen gesucht. Man sehe sich nur die großen, räumlichen Verhältnisse in den venetianischen, florentinischen und genuesischen Palästen an. Uebrigens sind die großen Räume für das italienische Klima weit praktischer als die kleinen Räume. Jeder,

der im Sommer in Italien war, wird das eingesehen haben, und dem großen Baumeister nicht derartige alberne Vorwürfe machen. Vom Monte Berico erblickt man ein, ungefähr eine halbe Stunde von der Stadt gelegenes, dem Marchese Capra gehöriges Landhaus. Es krönt den kleinen Hügel San Se= bastiano und führt nach seinem Baumeister den Namen „Villa Rotonda Palladiana. Sogar Göthe läßt sich verleiten, seinem Erbauer einige nach dieser Richtung hin lautende Vorwürfe zu machen, wenn er sie auch hinter Lob und Anerkennung zu verlegen bestrebt ist. „Vielleicht," sagt er, „hat die Baukunst ihren Luxus niemals höher getrieben, als in der Villa Ro= tonda. Der Raum, den die Treppen und Vorhallen einnehmen, ist viel größer, als der des Hauses selbst, denn jede einzelne Seite würde als Ansicht eines Tempels befriedigen. Inwendig kann man es wohnbar, aber nicht wohnlich nennen. Der Saal ist von den schönsten Proportionen, die Zimmer auch; aber zu den Bedüfnissen eines Sommeraufenthalts einer vornehmen Familie würden sie kaum hinreichen." Ich besuchte die Villa an andern Tage und muß dem Göthe'schen Urtheil ganz und gar widersprechen. Gerade die Benutzung des inneren Raumes, sowie die Vertheilung des von oben durch die Kuppel ein= fallenden Lichts halte ich für ein Meisterstück der Baukunst. Die in den edelsten Verhältnissen aufgeführte Villa ist von viereckiger Gestalt. Alle vier Façaden gleichen sich vollkommen. Jede bildet eine von korinthischen Säulen getragene Halle mit Giebel. Die Inschriften der vier Giebelseiten, welche zusammen ein Ganzes bilden, lauten: „Marcus Capra Gabrielis filius qui aedes has arctissimo primogeniturae gradui subjecit una cum omnibus censibus agris, vallibus et collibus citra viam magnam memoriae perpetuae mandans haec dom. sustinet ac abstinet." Auf einer prächtigen Treppe steigt man den Hügel von einer Seite hinan, und so wie das Gebäude von allen Punkten der Umgegend in seiner ganzen Herrlichkeit gesehen wird, so überschaut man die ganze Herrlichkeit der wunder- vollen Umgegend aus diesen korinthischen Hallen in ihrer präch- tigen und reichen Mannigfaltigkeit.

Der Aufstieg zum Monte Berico und zu dem auf dem Plateau desselben sich erhebenden Kloster der Madonna del Monte geschieht auf einer prächtigen Treppe von 195 Stufen unter einem auf 180 Pfeilern ruhenden Bogengange. Die Treppe zieht sich in bequem gelegten Windungen an der grünen Berglehne aufwärts. Je höher wir stiegen, desto prächtiger rollte sich unten das reiche Städtebild mit seinen Kuppeln, Thürmen und Palästen auf, während hinter der Stadt die mit Baumgruppen, Häusern und Dörfern übersäete grüne Ebene in hügeligen und welligen Contouren zum Horizont hinanstieg. Im Sommer des Jahres 1848 waren diese Mar- morstufen mit Blut überströmt und mit Leichen bedeckt. Die Italiener hatten den Berg mit seinen Villen befestigt, den Bogengang mit Barricaden durchschnitten, und fochten hier einen heißen Kampf gegen die Oesterreicher, welche von allen Seiten mit großer Uebermacht die Positionen angriffen. Die ganze Strecke der venetianischen und lombardischen Ebene, von Venedig bis nach Novara, ist ja seit achtzehn Jahren ein ein- ziges, großes Schlachtfeld gewesen, auf dem für die Freiheit gefochten wurde. Der Monte Berico, Santa Lucia, Curtatone, Custozza, Verona, Peschiera, Voito, Solferino, Brescia, Ma- genta, Mailand, Palästro, Novara sind die einzelnen Positionen auf dieser blutgedüngten Ebene. Auf der Höhe der Berglehne und besonders auf ihrem höchsten Gipfel vor der Klosterkirche der Madonna, schloß sich ein zweites Landschaftsbild an das Bild, welches ich beim Aufstieg gesehen hatte, an. Rechts auf grünem Grunde die Stadt Palladio's, links die mit Weinreben und Fruchtbäumen bedeckten Vicentiner Berge; den nördlichen Horizont schloß wieder die mit einem leichten Schneemantel bedeckte hohe Wand der Tyroler Alpen. Der Blick vom Monte Berico rief mir lebhaft das reiche Landschaftsbild in's Gedächtniß zurück, welches sich vor acht Jahren vor mir aufgerollt hatte, als ich in Bergamo vom Marktplatz der oberen Stadt auf das Land der Bergamasken hinabschaute. Dieselben Bergformen, dieselben Contouren, dieselben Gruppirungen, dieselben Farbentöne. Und tief unten in der grünen, hügeligen Ebene, welche sich bis zu den Vorbergen der Tyroler Alpen ausdehnt, blühten wieder, wie damals, alle Arten von Agrumi, Granaten, Lorbeer und Oliven; Pomeranzen-, Orangen- und Citronenspaliere standen in den Gärten; dazwischen erhoben sich die stattlichen Trompetenbäume, die Pynien, die Cypressen, die Aloe und der Cactus, und ihre Füße und ihre Stämme umkränzte die ganze Pracht der italienischen Trias und der Flora, und Wolken von Wohlgerüchen stiegen zu mir hinauf. Aber eine Todtenstille lag damals über der blühenden, reichen Landschaft ausgebreitet — es war das Kirchhofsschweigen des Belagerungszustandes der österreichischen Herrschaft — und im Osten schwebte über den Thürmen und Häusergruppen von Brescia eine Feuerwolke, vom rothen Flammenschein der hinter den Bergen untergehenden Sonne umleuchtet — eine blutige Erinnerung an die dort verübten Gräuel Haynau's und seiner

Horden. Heute tönte Musik und Gesang vom Rathhausplatz der Stadt Palladio's zu mir hinauf. Immer gewaltiger brausten die Töne, die Trompeten klangen wie Sturmesläuten, wie der Donner der Schlacht, wenn Reiterregimenter auf einander stürmen und die Schwerter auf den Helmen und Panzern erklingen; dann schwangen sie sich auf zum Siegesjubel, zu Posaunenklängen, zu einem jubelnden Freiheitslied. Ich kannte diese Klänge und Fanfaren; wie oft hatte ich sie gehört, auf den Schlachtfeldern vor Capua und am Volturno, als wir in Neapel einzogen, und kürzlich auf dem Marcusplatze in Venedig, als die italienischen Truppen die tausendjährige, berühmte Lagunenstadt besetzten. „All' armi! All' armi!" — „Zum Kampf! Zum Kampf!" —

„Vom Blute der Märtyrer raucht unsere Erde,
Wir schleifen das Schwert auf dem heimischen Heerde,
Wir schleudern den Pechkranz aus heimischem Feuer,
Wir kämpfen für Alles, was heilig und theuer.
Italien's Städte, die hundert, die schönen,
Sie werden befreit von den kämpfenden Söhnen."

Es war die Marseillaise, der Freiheitsgesang des neuen Italiens, dessen Klänge der Abendwind zu den grünen Höhen des Monte Berico hinauftrug, der berühmte „inno di Garibaldi." —

Neuntes Kapitel

Berühmte venetianische Häuser und Paläste.

Der berühmte Baumeister der Lagunenstadt, Sansovino, „der Architekt der Republik", hat während seines langen Lebens am Marcusplatz gewohnt, und ist auch in seinem drei und neunzigsten Jahre dort in der Mitte seiner Meisterwerke ge= storben. Der Rath der Zehn hatte ihm einen Theil des Palastes, wo derselbe an den Uhrthurm gränzt, zur Wohnung angewiesen. Sein eigentlicher Name war Jacopo Tatti; San= sovino war der Name seines Lehrers und Meisters, den er aus Verehrung für denselben angenommen hatte. Im Jahre 1479 in Florenz geboren, kam er im Jahre 1523 auf eine Einladung des Dogen Andrea Gritti nach Venedig. Der Doge kannte Sansovino's Fähigkeiten und Talente, vertraute ihm die Restau= ration der großen Kuppel der Marcuskirche an, verlieh ihm den Titel eines „Baumeisters der Procuratoren", wies ihm eine Wohnung in dem erwähnten Palaste an, setzte ihm einen ehrenvollen Gehalt aus und machte ihn zum Oberaufseher des Platzes, seiner Gebäude und der benachbarten Kirchen. San= sovino hat, wie die meisten Künstler der damaligen Zeit, ein eben so fleißiges, wie fröhliches Leben geführt. Er nahm sich eins der schönsten venetianischen Mädchen zur Frau, liebte die Freuden der Tafel und des Bechers, gab seinen Freunden fröhliche Feste und lebte, wie gesagt, drei und neunzig Jahre. Die Werke, welche er während dieses langen Lebens schuf, sind enorm an Zahl, unvergleichlich in ihrer Schönheit. Ich will nur der bedeutendsten hier erwähnen. Die Loghietta, welche sich mit dem Rücken an die starken Mauern des Campanile lehnt, ist ein wundervolles kleines Monument florentinischer Baukunst. In seiner Gestalt könnte es den Triumphbogen des Pariser Carousselplatzes versinnlichen. Es ist mit prächtigen, farbigen Marmorplatten bekleidet, mit wundervollen Werken der Bildhauerkunst geschmückt und mit Bronçethoren und Bronçestatuen verziert. Die glänzend schöne Façade des Palastes, der sich auf der Piazetta, gegenüber dem majestätischen und finsteren Dogenpalast erhebt, mit ihren jonischen und dorischen Säulen und mit der mit Statuen geschmückten Baluftrade hat ebenfalls Sansovino im Verein mit Scamazzi erbaut. Der Palast diente ehemals als Bibliothek für die Bücher, welche man heute im Dogenpalaste aufgestellt findet. Auch das Gebäude, welches sich an diesen Palast anschließt und den Winkel der Piazetta und der Riva nach der Lagune hin bildet, hat Sansovino aufgeführt. Es führt noch heute den Namen der „Zecca" und diente der Republik als Münze, in deren Gewölben sich das Geld der venetianischen Eroberungen in Dukaten, Medaillen und Silbermünzen aller Art verwandelte. Die Republik schlug bereits sehr frühzeitig Geld und die Numismatik ist im Stande, den Beweis zu führen, daß schon im siebenten Jahrhundert die Bilder der Dogen auf Gold und Silber geprägt wurden. Die Zecca

9*

macht auf den Beschauer einen sonderbaren Eindruck. Sie sieht zugleich wie ein Gefängniß, wie eine Bastille und wie ein elegant gebauter Palast aus; auch in ihrer Bauart spiegelt sich der Charakter der Regierung wieder, welche sie bauen ließ. Die Façade, halb dorisch, halb ionisch, ist ernst und edel. Dicke Eisenstangen maskiren sämmtliche Fenster, das Eingangs-thor ist auf der Piazzetta; rechts und links vor demselben er-heben sich die Statuen von zwei Riesen, von denen die Statue zur rechten Hand unbedingt die beste ist. Sie ist unter dem Meißel Campagna's entstanden, während der Schöpfer der anderen Titian Aspetti ist. Von den Palästen, welche den berühmten venetianischen Wassercorso, den Canale grande, ein-rahmen, hat der „Baumeister der Procuratoren“ die imposante Façade des Palastes Corner geschaffen, dessen Säulenlinien der ionischen und dorischen Ordnung angehören, außerdem die aus allen Baustylen gemischten Fronten der Camarlinghi unterhalb der Rialtobrücke, große, unregelmäßige Gebäude, wo einst die Magistratsbehörden der Republik residirten. Von den durch Sansovino erbauten Kirchen mögen nur die griechische Kirche und die Kirche des heiligen Geminiano genannt werden. San-sovino war aber auch ein eben so trefflicher Bildhauer, wie er ein großer Baumeister war. Die Kirchen Venedigs sind reich an Bildhauerarbeiten, welche unter seinem Meißel entstanden sind. Trotz des großen Ansehens, welches Sansovino genoß, sollte er indeß nicht sterben, ohne die Strenge der Regierung der Republik erfahren zu haben. Während er mit dem Bau des Palastes auf der Piazzetta beschäftigt war, stürzte eins von den Gewölben des Palastes zusammen. Da wurde der berühmte Baumeister auf Befehl des Raths der Zehn in das Gefängniß des Dogenpalastes gebracht und seines Amtes als Baumeister der Republik entsetzt. Noch mehr! Man verurtheilte ihn, das eingestürzte Gewölbe auf eigene Kosten wieder bauen zu lassen, und Titian und Aretin mußten ihren ganzen Einfluß aufwen= den, um dem armen Baumeister die Freiheit wieder zu geben und den großen Rath zu vermögen, ihm den Weiterbau des Palastes zu gestatten, dessen Niemand so würdig war, wie er Kurze Zeit darauf starb er, und Scamozzi beendigte das von ihm entworfene, aber nicht vollendete Meisterwerk der Baukunst. Die Strenge der Regierung des Raths der Zehn hat sich auch in den kleinsten Zügen nicht verläugnet. Sie bestrafte in Sanso= vino nicht die Ungeschicklichkeit, sondern das Unglück.

Titian, Sansovino's Freund und Zeitgenosse, bewohnte während des größten Theiles seines Aufenthalts in Venedig das noch heute am Campo Rotto Nr. 5526 belegene Haus. Dort ist auch der große Meister, den Buonarotti treffend den „Vertrauten der Natur" genannt hat, am 27. August 1576 gestorben. Ich habe beim häufigen Vorübergehen die Thür dieses einfachen Hauses nie ohne Ehrfurcht betrachten können. Durch dieselbe sind alle die zahlreichen Männer hinausgeschritten, welche Schüler Titian's waren und seinen Ruhm in alle Welt trugen, die Campagnola, Bonifaccio, Varrottari, Tintoretto, Paris Bordone für Italien, Diodore Barent und Jean Calcar für Flandern, Christoph Schwarz und Emanuel Amberger für Deutschland, Paolo Roelas und Fernandez de Navareto für Spanien. Machen diese Erinnerungen das unbedeutende Haus nicht berühmter, als den glänzendsten Palast? Aber Venedig ist reicher an solchen Häusern und Palästen, wie vielleicht keine andere Stadt der Erde. Gehen wir wieder vom Marcusplatz

aus, wo alle ihre berühmten Bewohner den Abend zu ver=
bringen pflegten, und schauen wir uns ihre Häuser und Pa=
läste an, während der Engel des Todes sie längst in den
Reihen der Lebendigen ausgelöscht hat, und nichts von ihnen
übrig ließ, als — ihre unsterblichen Namen und ihre unsterb=
lichen Werke und Thaten! Da steht ein Haus in der Calle
della Pieta. Ehemals waren seine Wände mit Bildhauer=
arbeiten und Medaillons geschmückt; der Garten, gepflegt von
der Hand des Meisters, der in dem Hause wohnte, war berühmt
in Venedig durch seine seltenen Pflanzen. Heute ist der ehe=
malige Glanz des Hauses nicht mehr zu erkennen. Aber ein
berühmter Name ist dem Hause als Erinnerung geblieben! Dort
wohnte Alexander Vittoria, Sansovino's großer Schüler,
und starb auch daselbst in hohem Alter. Es war ein eben so
rechtschaffener Mann, als großer Künstler. Weniger bedeutend
als Baumeister, wie als Bildhauer, war er einer der besten
Meister im Stuc, welche Italien jemals aufzuweisen gehabt
hat. Die venetianischen Paläste, besonders der Dogenpalast,
sind voll von seinen Meisterwerken in diesem Genre. Nicht
weit davon, am Campo San Sylvestro, hat noch ein anderer
Zeitgenosse Sansovino's und Vittoria's gewohnt, Giorgion,
der Maler, dessen Bilder sich durch die glänzende Schönheit
ihres Colorits auszeichnen. Das Haus ist an den Spuren
von Fresken, welche sich am Karnieß befinden, leicht unter den
anderen Häusern des Campo zu erkennen. Giorgion war auch
Musiker und Poet, liebte ein heiteres und fröhliches Leben,
und hat oft seine Freunde in diesem Hause um sich versammelt,
welches dann von Musik und Gesang wiederhallte. Er starb
leider noch sehr jung, erst im Anfange der dreißiger Jahre,

im Jahre 1511. Der Schmerz über den Tod seiner Gattin, welche er vergötterte, hat ihm das Herz gebrochen.

Tintoretto hat ebenfalls ganz in der Nähe des Marcusplatzes gewohnt. Das mit der Nummer 3162 bezeichnete, in der Calle larga belegene Haus war sein Eigenthum. In demselben Hause ist er auch im Jahre 1594, also in dem hohen Alter von zwei und achtzig Jahren gestorben. Späterhin ging das Haus in das Eigenthum der deutschen Familie Caffer über, die es von Dominico, Tintoretto's Sohne, kaufte und der es, wenn ich nicht irre, heute noch gehört. Tintoretto hieß eigentlich Robusti; den Namen „Tintoretto" nahm er von dem Gewerbe seines Vaters an. Er hinterließ einen Sohn und eine Tochter. Letztere, Marietta Robusti, starb, als sie noch nicht dreißig Jahre alt war. Sie war eine ausgezeichnete Portraitmalerin; außerdem hatte sie ein großes Talent für Musik und Gesang, welches sie unter Leitung Zucchino's, des Cimarosa seiner Zeit, ausbildete. Philipp der Zweite, König von Spanien, Kaiser Maximilian und der Erzherzog Ferdinand riefen die junge Künstlerin, welche sich auch durch Anmuth und Schönheit auszeichnete, an ihren Hof, um von ihr gemalt zu werden. Aber ihr Vater liebte sie so zärtlich und war so stolz auf ihre Talente, daß er sich durchaus nicht von ihr trennen wollte. Er verheirathete sie deshalb mit einem venetianischen Goldschmidt und Juwelenhändler, um sie immer in seiner Nähe zu behalten; und so hat sie, statt Kaiser und Könige, ihre Landsleute und ihre Freunde portraitirt. Ihr frühzeitiger Tod wurde allgemein tief betrauert, so sehr war sie in Venedig geliebt und bewundert. So erzählen von Marietta venetianische Chronikenschreiber. Von ihren Werken ist, soviel mir bekannt, nichts auf unsere Zeit gekommen. Auf den Wunsch ihres Vaters ist sie in der Kirche Santa Maria del Orto, welche bekanntlich mit vielen Bildern Tintoretto's geschmückt ist, beerdigt worden. Dieselbe Kirche ist auch die Ruhestätte Tintoretto's. Tintoretto ist wohl einer der fleißigsten Maler der venetianischen Schule gewesen. Wohin man in Venedig blickt, sieht man Tintoretto's, von denen übrigens sehr viele von seinem Sohne und seinen Schülern vollendet und ausgeführt worden sind.

Fast drittehalb Jahrhunderte später haben ganz in der Nähe des Marcusplatzes zwei andere Männer gewohnt, welche unter den italienischen Bildhauern und Malern ebenfalls einen ersten Platz einnehmen. Unter denselben Bogengängen der Procuratieen, wo einst Sansovino, Vittoria, Giorgion, Veronese, Bassano, Titian, Tintoretto und seine schöne Tochter Marietta Abends ausruhten, nahmen in der ersten Hälfte unseres Jahrhunderts Canova und Leopold Robert Nachmittags ihren Kaffee ein. Canova's bescheidenes Haus, welches heute eine Marmortafel dem Vorübergehenden als solches bezeichnet, steht am Campo Gallo, wenige Schritte vom Marcusplatz. Canova hat dort viele Jahre gelebt und ist auch dort am 13. October 1822 gestorben. Am Fuß der venetianischen Alpen, zwischen Treviso und Bassano liegt ein kleines Dörfchen. Es heißt Possagno. Dort ist der große und berühmte Meister der Bildhauerkunst im Jahre 1757, Andere sagen 1760, geboren. Sein Vater war ein armer Steinhauer, wie die meisten Bewohner von Possagno. Ein venetianischer Patrizier entdeckte zufällig das große Talent des vierzehnjährigen Knaben und brachte ihn zu einem unbedeutenden Bildhauer in Venedig in die Lehre. Aus jener Zeit Canova's stammen die beiden Blumenkörbe, welche man noch heute im Palaste Farsetti sieht. Eine Statue der Eurydice erwarb ihm die Gunst der venetianischen Municipalbehörde. Er wurde auf Kosten derselben mit einer Pension von dreihundert Ducaten zu seiner Ausbildung nach Rom gesandt. Seine erste bedeutende Arbeit in der Stadt der Päpste war die Gruppe des Dädalus und Icarus; Theseus als Sieger über die Centauren und mehrere andere bedeutende Gruppen hatten dem jungen Antonio bereits im Alter von fünfundzwanzig Jahren einen fast europäischen Ruf gemacht. Was David in Frankreich für die Malerei wurde, wurde Canova in Italien für die Bildhauerkunst. Die Zahl der Werke, welche er während seines nicht langen Lebens geschaffen hat, ist enorm. Man zählt mehr als 160 einzelne Stücke, unter denen sich 53 Statuen, 12 Gruppen, 14 Sarkophage, 8 große Monumente, 9 Colossal - Compositionen, 54 Büsten und 26 Basreliefs befinden. Mürat, Kaiser Ferdinand von Oestreich, die Großherzoge von Toscana, der Prinz-Regent von England, der Papst, die letzten Stuarts, alle Familienglieder der Bonaparte's haben es sich zur Ehre angerechnet, ihre Büsten von der Hand des großen und berühmten Meisters fertigen zu lassen. Canova hat alle Ehrenbezeugungen empfangen, nach denen der ehrgeizige Künstler nur streben kann. Wenn er auch gerade nicht den Posten eines Gesandten bekleidet hat, wie Rubens, so haben doch alle Könige seine Brust mit ihren Orden geschmückt; alle Akademieen haben ihm ihre Grade und Titel ertheilt. Bei seiner Rückkehr von Paris, wo er die Kunstgegenstände reclamirt hatte, welche Napoleon aus den italienischen Museen nach Frankreich entführte, ernannte ihn der Papst zum Marchese von Ischia mit einer Jahresrevenue von 1300 Ducaten und übertrug ihm die Stelle eines Ge= neral-Inspectors aller Museen und Alterthümer in Rom. Die Stadt Padua errichtete ihm zu Ehren eine Statue. Aber auch als Mensch stand Canova während seines ganzen Lebens in größter Achtung. Unzählige Züge seiner Herzensgüte, seiner Liebenswürdigkeit und seiner Uneigennützigkeit sind noch heute in Venedig in aller Leute Munde. Immer bewahrte er die tiefste Dankbarkeit gegen den venetianischen Patrizier Faliero, der den talentvollen Knaben in seinem armseligen Heimaths= dorfe entdeckt und ihm den ersten Unterricht hatte geben lassen. Lange Jahre hindurch gab er die Mittel zur künstlerischen Vorbildung dreier talentvoller, junger Leute im Römischen, eines Malers, eines Bildhauers und eines Architekten. Er stiftete akademische Preise, gab mehrmals ganz bedeutende Sum= men für Anlage und Unterhaltung von Hospitälern, verweigerte häufig die Annahme des Honorars, wenn er Statuen und Büsten für Gemeinden oder um berühmte Männer seines Vaterlandes zu feiern, angefertigt hatte, und verringerte sein Vermögen in solcher Weise, daß er, bereits alt geworden. genöthigt war, von Neuem für seine Existenz zu arbeiten. Da= mals war es, wo er den Hektor und Ajax schuf. Der Ritter Treves kaufte sie von dem Bruder des Künstlers, der in wirk= licher Verlegenheit war. Seine verschwenderische Freigebigkeit erstreckte sich aber immer nur auf Andere; selbst hat er für sich sehr wenig von dem vielen Gelde verbraucht, was er erworben hat. Einfach und ohne Bedürfnisse, wie ein wahrer Sohn der Alpen, liebte er das arme Dörfchen, wo er geboren war, und ging alljährlich dorthin, um im Schoße seiner Familie, die durch ihn reich geworden war, und inmitten einer Bevölkerung, die ihn vergötterte, von seinen anstrengenden Arbeiten auszuruhen.

Bevor wir nach dem Platze San Steffano gehen und im Palaste Pisani einkehren, um das Atelier des unglücklichen Leopold Robert zu besuchen, verweilen wir noch einige Minuten in der Nähe des Marcusplatzes. In der Straße San Paternian steht ein Haus, welches kürzlich mit einer marmornen Gedenktafel geschmückt wurde. Heute wohnt dort einer meiner venetianischen Freunde, Doctor Fano, einer der wissenschaftlich gebildetsten Aerzte Venedigs. In den Jahren 1848 und 1849 wohnte in dem kleinen Hause der Advokat Daniel Manin, der Dictator der venetianischen Republik. Auf der über der Thür befestigten marmornen Gedenktafel lesen wir die Worte: „Questa casa abitava Daniele Manin. Quando in patria inizio liberta prenunziatrice dell' unita e grandezza d' Italia che morendo non vide caule magnanimo e venerato." Che morendo non vide! Es ist derselbe rührende Gedanke, der sich darin aussprach, als während der Feste auf dem Marcusplatz Manin's Bild in goldenem Rahmen an den Marmorsäulen der Bogengänge des Markusplatzes befestigt war. „Er konnte unsere Freiheit im Leben nicht schauen," sagten mir die Venetianer, „nun soll er wenigstens im Bilde bei unsern Festen zugegen sein." Manin starb bekanntlich als Flüchtling in den fünfziger Jahren in Paris, wo er sich vom Unterricht in der italienischen Sprache und Literatur ernährte. Heute ruht seine Asche in der Marcuskirche im Vaterlande. Seine Vertheidigung Venedigs erinnert an die Tage Troja's und Sagunts. Die Reichen schenkten der Regierung ihr Gold und ihr Silber, die Frauen ihre Diamanten und ihre Edelsteine und die Armen brachten die Almosen, die sie selbst erbettelt hatten. Zweiundvierzig Signori unterzeichneten zur Vertheidigung der Stadt für drei Millionen Lire Wechselbriefe; andre hundert und dreiundvierzig Bürger legten andere drei Millionen auf den ehemaligen Tisch des großen Rathes im Dogenpalaste. Dreitausend Bürger fielen während der letzten Monate der Belagerung im Kampfe oder erlagen ihren Wunden; Tausende wurden von der Cholera hinweggerafft.

Der Palast Pisani kehrt seine Fronte nicht dem großen Kanal, sondern dem Platze San Steffano oder eigentlich einer durch einige vorgeschobene Häuser gebildeten kleinen Abtheilung dieses großen malerischen Platzes zu, welcher nach dem berühmten Palaste der Platz Pisani heißt; den großen Kanal selbst berührt er nur mit einem schmalen Flügel. Seine Rückseite trennt ein Kanalstreifen von der Fronte des Palastes Barbarigo, der ebenfalls nur einen schmalen Flügel mit einer Terrasse zu den Fluthen des berühmten venetianischen Wasser-corso's vorschiebt. Wenige Schritte von hier, der Eingangs-pforte in den Palast Pisani, wenn man von dem Platze Pisani wieder zum Platze San Steffano einbiegt, befindet sich das Thor eines anderen noch berühmteren Palastes, des Palastes Morosini, dessen innern Hof man also ebenfalls vom Platze San Steffano aus betritt. Die Architectur des Palastes Barbarigo hat nichts Bemerkenswerthes; seine Bildergallerie, in welcher sich unter andern drei berühmte Bilder Titian's, die Magdalena, die Venus und der heilige Sebastian befinden, ist in den Besitz des Kaisers von Rußland übergegangen, und so ist dem Palaste nichts geblieben, als die Erinnerung an seinen

Namen und den Namen Titian's. In der Geschichte der tau-
sendjährigen Republik tritt uns mehrere Male der Name Barbarigo entgegen; ein Barbarigo bekleidete die Dogenwürde;
noch heute ist der Palast im Besitz der Familie. Titian war
ein Freund und Gast der Familie Barbarigo. Sein Atelier
befand sich in den Räumen des Palastes, welche sich auf den
großen Kanal öffnen. Als die schreckliche Pest, welche im
Jahre 1578 Venedig verwüstete, ihn im hohen Alter hinraffte,
war er gerade mit der Vollendung seines bekannten Bildes, des
heiligen Sebastian, beschäftigt.

Noch berühmtere Erinnerungen verknüpfen sich mit den
beiden andern Palästen, welche sich hier mit ihren Flügeln
berühren. Morosini und die venetianische Republik in ihrem
höchsten Glanze — das ist fast dasselbe. Eine Reihe der
größten Würdenträger des Staats, Cardinäle, Erzbischöfe und
vier Dogen führen den Namen Morosini. Der letzte Doge
aus dem Geschlecht der Morosini's war der größte und berühmteste aus der Familie: Franz Morosini, der Sieger im Peloponnes. Auch er mußte trotzalledem die finstere und myste-
riöse Strenge des schrecklichen Rathes der Zehn erfahren. Der
berühmteste und größte General der glänzenden und mächtigen
Meeresrepublik, der Morea eroberte, war nach der Eroberung
von Candia eine Zeit lang Gefangener im Dogenpalaste, um
seinen Ruf und seine Ehre zu vertheidigen. Wenige Jahre
nachher saß er auf demselben Platze, wo er als Angeklagter
gestanden hatte, auf dem Throne des Dogen, ein Wechsel, der
in der Geschichte Venedigs nicht selten vorgekommen ist. Nun
ruht sein irdischer Leib in der benachbarten Kirche San
Steffano. Seinen Grabstein schmücken Dogenmütze und Com-

manboftäbe in Erzguß. In einer Reihe von Wandgemälden und Trophäen kann man noch heute im Palast Morosini die Geschichte seiner Kriegsthaten in Bildern, Standarten und kriegerischen Emblemen lesen. Die letzte Tochter aus dem Hause dieses venetianischen Caesar, welche in directer Linie von dem Sieger im Peloponnes abstammt, hat sich mit einem deutschen Herrn, mit dem Grafen Gattenburg verheirathet, und den Namen Morosini - Gattenburg angenommen, deren unverheirathete Tochter jetzt im Besitz des Palastes und der großen Besitzungen der Morosini ist. Uebrigens ist der Palast, dessen Räume fast nur Priester betreten, mit denen die alternde Besitzerin ihre Betibungen abhält, äußerst schwer zugänglich. Den Paß zur Ueberschreitung seiner Schwelle ver= mag nur ein Cardinal oder ein Bischof zu ertheilen.

Um desto zugänglicher ist der benachbarte Palast Pisani. Leider repräsentirt er die Geschichte des Verfalls venetianischer, berühmter Paläste; wenn auch nicht in dem Grade, wie der berühmte Palast Foscari. Auch der Name Pisani ist berühmt geworden in der glänzenden und ruhmvollen Geschichte der Lagunenstadt. Ludovico Pisani trug sieben Jahre lang die Dogenmütze. Ein anderer, aus der Familie stammender Doge, Andrea Pisani, begann den gewaltigen Bau des Arsenals, welches die Seemacht der großen Meeresrepublik viele Jahrhunderte hindurch körperlich repräsentirt hat, im Jahre 1304. Der General Victor Pisani entriß den Ge= nuesen den Besitz der Insel Chioggia. Das Modell der stei= nernen Wurfgeschosse, welches er erfand und auf die Köpfe der genuesischen Streiter schleuderte, ist noch jetzt im Arsenal zu sehen. Und heute! Ein Mitglied der Familie Pisani,

Conte Pisani, ist noch im Besitz eines Theils des Palastes, ein anderer Flügel desselben gehört dem Grafen Serbelloni, dem Besitzer der bekannten Villa am Como=See oder eigentlich einem unehelich, später legitimirten Abkömmling dieser Familie. Aber der Arme hat den Verstand verloren und befindet sich in einem Irrenhause in Mailand. Seine großen und reichen Besitzungen verwaltet ein Curator, der den Palast Pisani an verschiedene Personen und Familien vermiethet hat. Der Palast Pisani hat das Schicksal vieler venetianischer Paläste erfahren. Sein Eigenthum ist in die Hände mehrerer Personen über= gegangen; seine Räumlichkeiten sind im Besitz vieler Miether, die sich mit allen Kräften gegen jede Reparatur wehren, welche die Eigenthümer auf ihre Schultern zu wälzen suchen, und gehen auf diese Weise langsam dem Verfall entgegen. Der große Palast ist im Spitzbogenstyl des vierzehnten Jahr= hunderts gebaut und hat einen großen, von einer Säulen= gallerie umgebenen inneren Hof, auf dem sich die prächtige Marmortreppe öffnet, welche in die oberen Räume führt und. deren Absätze mit Colossalstatuen und Marmormosaiken ge= schmückt sind. Wie oft bin ich bei meiner letzten Anwesenheit in Venedig diese breiten Treppen hinaufgestiegen, um unsern berühmten Landsmann, den Maler Friedrich Nerly und seine Familie zu besuchen, der seit einer Reihe von Jahren seine Wohnung im zweiten Stock des Palastes aufgeschlagen hat! Sein Atelier ist dasselbe, wo Leopold Robert, der berühmte Maler der „Schnitter in den pontinischen Sümpfen", des „Improvisators" und der „Fischer von Chioggia" sein Leben endete, indem er sich mit einem Rasirmesser die Adern des Halses durchschnitt. Die unglückliche That hat damals ein enormes Aufsehen in ganz Europa erregt, umsomehr, als gar kein Motiv des Selbstmordes ersichtlich und gerade die Nach- richt in Venedig eingetroffen war, daß das letzte und beste Bild des Baumeisters in Paris mit einem Enthusiasmus auf- genommen sei, der alle Erwartungen desselben übertreffen mußte. Nerly, der mit dem Bruder Robert's gewaltsam die von Innen verschlossene Thüre des Ateliers öffnete und den Unglücklichen mit zerschnittenen Halsadern bereits todt vorfand, hat mich häufig versichert, daß die That die Folge einer krank- haften, in der Familie Robert's erblichen Schwermuth gewesen, der bereits mehrere Mitglieder derselben Familie zum Opfer gefallen seien. Nerly gehört unzweifelhaft zu den bedeutend- sten Malern der neuen italienischen Schule. Seine Land- schaften, seine Seestücke, seine Nachbildungen der architektoni- schen Schönheiten Venedigs zeichnen sich durch Farbenglanz, Lichteffekte und durch seine Ausführung in den Details aus. Fast alle fremden Souveraine und Fürsten, welche die Lagunen- stadt besuchten, waren in seinem Atelier, um sich Bilder vene- tianischer Paläste und jene originellen Perspektive auf Brücken, Canäle und Palastfronten zu bestellen, welche außer Venedig keine Stadt der Welt aufzuweisen hat. Die Originale seines interessanten Skizzenbuchs, welche er oft zwanzig und dreißig Mal hat copiren müssen, befinden sich in den Gallerien des Königs von Preußen, des Kaisers von Rußland und von Oesterreich, des Herzogs von Braunschweig und vieler vor- nehmer und reicher Privatpersonen. Auf den Blättern dieses Buches las ich die fortlaufende Geschichte der malerischen Schön- heiten und Effekte der Lagunenstadt.

Zehntes Kapitel.

Im Bagno der Galeerensträflinge zu Toulon.

Roth, gelb und grün, das sind die Farben der Galeeren-sträflinge im Bagno zu Toulon. Im rothen Rocke, in gelber Hose, die Mütze gelb, roth oder grün, an der Mütze eine Nummer, eine Kette am eisernen Ringe um den Fuß, oder zu zwei an derselben Kette aneinander geschlossen, so begegneten sie mir auf den Rais, auf den Werften, in den Werkstätten, auf den Schiffen, in den Höfen jenes großartigen Arsenals, welches einen Flächenraum von siebenhundert Husen umfaßt und einen Umfang von mehr als fünf Kilometer, also drei-viertel deutsche Meilen hat, achtzehn, zwanzig, dreißig, fünfzig, sechzig Jahre alt, mit blühenden Wangen und jugendlichen Gesichtern, mit eisgrauen Köpfen und gefurchten Stirnen, gerade aufrecht gehend und mit gebeugtem Rücken, alle die klirrende Kette am Fuß. Sie fegten die Gänge und die Rais, sie waren in der Schmiede und Werkstätte mit Hammer, Zange und Hobel beschäftigt, sie entledigten im bassin de repos die Schiffe ihrer Takellage — immer, bei jedem Schritt, den ich bei meiner Wanderung durch die großartigen Räume that, fiel mein Blick von Neuem auf diese Ausgestoßenen der mensch-

Gustav Rasch. Von der Nordsee in die Sahara.   10

lichen Gesellschaft, welche nur noch eine Zukunft haben — Cayenne und den Tod. Ich sage Cayenne und den Tod, nicht Cayenne oder den Tod, denn Cayenne ist der unvermeidliche Tod, und nach Cayenne reisen sie alle zweimal im Jahre mit einem Verbrecherschiff, nach der Reihe, wie ihre Nummer lautet, um niemals wiederzukehren. Das alte Gesetz verurtheilte sie zum Bagno, das neue Gesetz von 1852 verurtheilt sie zum Bagno und zur Deportation; der Bagno von Toulon ist nach dem neuen Gesetz nur noch ein Durchgangshaus in jenes fieberathmende Fabelland jenseits des Weltmeeres, von wo keine Wiederkehr ist, selbst wenn sie die Jahre der Bagnostrafe, wozu sie verurtheilt sind, überstanden haben. Sie bleiben dann als Kolonisten dort — um ebenfalls den Tod zu erwarten. Nur eine Hoffnung bleibt ihnen — die Begnadigung, eine trügerische Hoffnung. Und doch ist es eine Hoffnung! Als ich wegen politischer Thatsachen einige Jahre die Kasematten der Festung Magdeburg bewohnte, traf ich dort häufig mit Festungsgefangenen zusammen, welche zu einer Strafe von zwanzig bis dreißig Jahren verurtheilt waren. Eine harte Gefangenschaft von zwanzig bis dreißig Jahren ist auch so gut, wie die Aussicht auf den Tod im Kerker. Und sie alle hofften auch auf Begnadigung. Der erste Galeerensträfling, mit dem ich im Bagno zu Toulon sprach, war ein alter Mann, nahe an den sechziger Jahren. Er war schon dreißig Jahre im Bagno gewesen, denn er war noch nach dem alten Gesetz verurtheilt und konnte deshalb nicht deportirt werden. Und seine erste Aeußerung auf meine Anrede war, „er hoffe bald begnadigt zu werden." Nicht allein in den Kasematten der Festung Magdeburg, auch in den Höfen der Arsenals zu Toulon war also dieser Gedanke die letzte Hoffnung.

Der Mann trug eine grüne Mütze. Es waren mir schon viele Gefangenen mit der grünen Mütze begegnet. „Was bedeutet die grüne Mütze?" fragte ich meinen Führer, „alle anderen Gefangenen tragen ja rothe oder gelbe Mützen?"

„Die grüne Mütze," antwortete der Sergeant, „bedeutet lebenslängliche Verurtheilung."

Von nun an war es mir, als wenn ich die lebenslängliche Verurtheilung auf den aschgrauen Gesichtern gelesen hätte, wenn sie die grüne Mütze auch nicht auf dem Kopfe gehabt hätten. Zuweilen trugen sie auch zu dem rothen Rocke einen gelben Ärmel. „Was bedeutet der gelbe Aermel?" fragte ich.

„Der gelbe Aermel," sagte der Sergeant, „bedeutet, daß der Gefangene schon zum zweiten Male im Bagno ist."

„Es giebt auch Gefangene, welche zwei gelbe Aermel im Rocke tragen, aber ich habe sie noch nicht gesehen. Und warum denn nicht?"

„Sie werden gleich nach Cayenne gebracht," sagte der Sergeant.

Ich dachte an die peinliche Halsgerichtsordnung Kaiser Karl's des Fünften, welche den dreimal überführten Dieb mit dem Tode durch den Strang bestrafte.

Dann kamen wir in der Nähe eines von den Bassins, wo die Schiffe ausgebessert wurden, an ein hohes Thor. Ueber dem Thore stand mit großen schwarzen Buchstaben das Wort „Bagne" — Bagno. Hier war also der Eingang zu jenem schrecklichen Orte, über den man, wie über die Hölle Dante's, die Worte schreiben könnte: „Lasciate ogni speranza, voi

ch' entrate!" — „Laſſet die Hoffnung draußen, Ihr, welche
hier eintretet." Als ich durch das Thor eintreten wollte, ver-
trat mir der dort wachehaltende Soldat den Weg. Mein
Sergeant, den man mir beim Eintritt in das Arſenal als
Führer mitgegeben hatte, ſagte mir, daß der Beſuch des Bagno
nur in Folge einer beſonderen Erlaubniß des Hafenkommiſſärs
geſtattet ſei. Der Bagno intereſſirte mich weit mehr, wie die
Werkſtätten, die Waffenſäle, die Werften und Baſſins des
Arſenals, welche ich nun ſeit mehreren Stunden durchwandert
hatte. Ich ließ mich zum Hafenkommiſſär führen. Auf meine
Vorſtellung, daß ich im verfloſſenen Jahre alle Gefängniſſe in
Paris mit Erlaubniß der franzöſiſchen Regierung beſichtigt und
in Deutſchland beſchrieben hätte*), erwiderte er mir, daß er
zu einer ſolchen Erlaubniß nur in Betreff des auf dem feſten
Lande befindlichen Bagno ermächtigt ſei, um den „ſchwimmen-
den Bagno", die Verbrecherſchiffe zu ſehen, müſſe ich eine Erlaubniß des Präfekten von Toulon haben. Ich ließ mich zum
Präfekten von Toulon führen und nach einer Stunde ſtand ich
wieder an dem ſchrecklichen Thore, über dem das Wort „Bagne"
zu leſen iſt, mit einem Schreiben des Präfekten an den Hafenkommiſſär in der Hand, worin derſelbe erſucht wurde, mir ſo-
wohl die Säle des Bagno zu öffnen, als mich auf die Verbrecherſchiffe führen zu laſſen. Ein Beamter des Bagno wurde
mir als Begleiter gegeben; der Soldat am Thor, der mir erſt
den Weg vertreten hatte, trat zurück und ich begann meine
traurige Wanderung.

------

*) S. „Dunkle Häuſer in Paris" von Guſtav Raſch.
Coburg. 1865.

Der Bagno zu Toulon ist in höchst einfacher Weise eingerichtet. Jenes Thor führt auf einen offenen Gang, der an
der einen Seite von einer hohen Mauer umgeben ist, welche
ihn von dem Arsenal abschließt, und auf dessen anderer Seite
sich eine lange Reihe von Thüren und eisenvergitterten Fenstern
öffnen. Die Thüren und die eisenvergitterten Fenster, welche sich
sämmtlich zu ebener Erde befinden, führen in viele hohe, weite und
luftige Säle. Diese hohen, weiten und luftigen Säle sind die Wohnungen der Galeerensträflinge während der Nacht. Mit dem Kanonenschuß, der Morgens um fünf Uhr fällt, verlassen sie dieselben,
um während des Tages auf den Kais, in den Werkstätten und
in den Höfen des Arsenals zu arbeiten und mit dem Kanonenschuß Abends um sieben Uhr zurückzukehren. Um Mittag haben
sie eine Erholungszeit von anderthalb Stunden, welche sie verwenden können, wie sie wollen. Des Abends um sieben Uhr
beginnt ihre Gefangenschaft in den Sälen des Bagno, und mit
diesem Zeitpunkt tritt auch das große Stillschweigen ein.
Während sie sich am Tage bei der Arbeit miteinander nach
Belieben unterhalten können, ist von sieben Uhr Abends bis
fünf Uhr Morgens Stillschweigen Gebot. In der Ernährung
und in Betreff des Lagers während der Nacht wird unter den
Gefangenen des Bagno ein Unterschied gemacht. Sie theilen
sich in gewöhnliche Strafgefangene und in solche, die man
„approuvés“ nennt. Letztere werden bevorzugt, weil sie entweder nicht zu den Sträflingen gehören, welche wegen schwerer
Verbrechen verurtheilt sind, oder weil sie Zeichen der Reue und
der Besserung gegeben haben. Die „approuvés“ erhalten außer
der Morgensuppe und außer dem Gemüse und Brod, woraus
das Mittagessen besteht, zweimal in der Woche Fleisch, und

man giebt ihnen außer einer Decke eine Matratze zum Nacht=
lager, während die schlechtere Klasse der Sträflinge kein Fleisch
erhält und Nachts auf einer hölzernen Pritsche schläft, ohne
zum Lager etwas anderes als eine wollene Decke zu haben.
Sämmtliche Gefangenen erhalten indeß, wenn sie arbeiten,
täglich ein halbes Litre Wein, ohne Unterschied, zu welcher Klasse
sie gehören; auch ist es ihnen gestattet, sich für einige Sous
Kaffee, Fleisch und derartigen Zubehör zum Brode zu kaufen.
Wenn sie das Geld hiezu nicht besitzen, können sie es sich
dadurch, daß ihnen ein Theil des Verdienstes bei der Arbeit
zu gute geschrieben wird, erwerben. Am Ausgange des Bagno
fand ich beispielsweise eine Verkaufsstätte von oft mit vielem Ge=
schmack und Geschick angefertigten Holzarbeiten und Nippsachen
eingerichtet. Alle Arbeiten waren von Galeerensträflingen an=
gefertigt und wurden von einigen älteren Galeerensträflingen
an die Besucher des Arsenals verkauft. Der Erlös für diese
Arbeiten oder ein Theil des Erlöses — ich erinnere mich der
Bestimmungen darüber nicht genau — gehört den Sträflingen
und kann von ihnen zur Verbesserung ihrer Lage verwandt
werden. Und ist trotz alledem die Lage der Galeerensträflinge
im Bagno von Toulon — und sie bestehen ohne Ausnahme
aus den schwersten Verbrechern — nicht noch weit besser, als
die Lage der Gefangenen in einem deutschen Zellengefängniß?
Würde nicht jeder Gefangene im Zellengefängniß bei Berlin,
der zu einer jahrelangen Isolirhaft und zu einem jahrelangen
Schweigen verurtheilt ist — oder eigentlich nicht verurtheilt ist,
denn das preußische Strafgesetzbuch kennt gar keine Isolirhaft;
die Isolirhaft ist in Preußen eine rein administrative Maß=
regel — würde er, frage ich, nicht mit dem Galeerensträfling,

selbst mit demjenigen, der nicht zu den approuvés gehört, tauschen?

Ich ging durch vier verschiedene Säle. Drei Säle waren für die „approuvés", ein Saal für die bessere Klasse der Sträflinge bestimmt. In der Mitte der Säle war eine lange Reihe von „Pritschen", wie man sie in Militärwachtstuben findet, aufgestellt. Die Pritschen senkten sich nach beiden Seiten, während sie sich oben mit den Rändern berührten. Es war ein langes, hartes Lager. An den Kopfenden der Pritschen lagen die Matratzen und Decken der Sträflinge aufgerollt. An den unteren Enden derselben war eine eiserne Stange angebracht, welche die Länge sämmtlicher Lagerstätten hatte. An dieser Stange wurden die Sträflinge mit der Kette, welche ihren Fuß umschloß, während der Nacht angeschlossen. Noch waren sämmtliche Sträflinge in den Höfen und Werkstätten des Arsenals beschäftigt. Alle Säle waren leer. Es wurde mir unheimlich in den großen Räumen, wo ich mich mit meinem Führer ganz allein befand, zu Muthe. Er erzählte mir schreckliche Geschichten von den Sträflingen, welche hier die Nacht hausten. Alle Geschichten lauteten von Mord, von Raub, von Fälschung, von gefährlichen und schweren Diebstählen. Ich ersuchte ihn, mich nun auf die Verbrecherschiffe zu führen. „Der schwimmende Bagno," sagte er, „besteht aus vier verschiedenen Schiffen, ein Schiff sieht ganz aus wie das andere; wollen Sie alle vier Schiffe besuchen?" Ich antwortete ihm, daß mir die Besichtigung eines Schiffes vollkommen genüge.

Er führte mich in einen anderen Theil des Arsenals. Vor mir breitete sich ein weites Bassin aus. In der Mitte des Bassins erhob sich aus den blauen Wellen ein großes, ganz

weiß gestrichenes Schiff, ein Dreidecker. Die Fregatte war der
Masten und der Takelage beraubt. Statt ihrer war das oberste
Deck mit einem weißen Zeltdach versehen, welches über dem
ganzen Schiff ausgespannt war. Eine schmale Holzbrücke ver-
band das Schiff mit den steinernen Rändern des Bassins.
„Das ist das Verbrecherschiff," sagte mein Führer. Das weiße,
stille Schiff auf dem blauen Wasserbecken sah unheimlich, geisterhaft aus. Die schmale Holzbrücke führte in den untersten
Raum des Schiffes. Es war in seiner ganzen Länge gedielt
und von der Höhe eines Mannes. Die Schießscharten, aus
denen einst die Kanonenrohre ihren eisernen Mund gesteckt
hatten, um aus demselben Tod und Verderben zu speien, waren
mit hölzernen Klappen versehen und dienten jetzt zu gleicher
Zeit als Fenster und Luftlöcher. Zwei eiserne Stangen waren
vermittelst eiserner Klammern am Boden befestigt und durch-
liefen das Schiff in seiner ganzen Länge. An den eisernen
Stangen wurden die Verbrecher während der Nacht mit der
Kette, welche ihren Fuß umschloß, angeschlossen. Drei hölzerne
Treppen führten durch die Luken auf das Mitteldeck. Es war
ganz in derselben Weise eingerichtet, wie das unterste Deck.
Das oberste Deck diente der Wache während der Nacht zum
Aufenthalt. Es war ebenfalls vermittelst Luken und Treppen
mit dem Mitteldeck verbunden. Das darüber ausgespannte Zelt
ruhte auf dünnen Balkenlagen. Der hintere Raum des obersten
Deckes hatte ein Dach von Holz. Er diente als Wachtstube.
In der Mitte des Deckes waren sechs aneinanderstoßende Zellen
mit Steinwänden und einem gemeinschaftlichen Holzdache versehen, aufgebaut. Jeder einzelne Raum hatte eine Breite von
zwölf und eine Länge von zwanzig Fuß. Es befand sich nichts

darin als eine hölzerne Pritsche. Wenn die schweren, mit gewaltigen Riegeln und Schlössern versehenen Thüren der Zellen geschlossen waren, war es in denselben ganz dunkel.

„Offenbar dienen diese Zellen als Gefängnisse," sagte ich zu meinem Führer. „Für wen sind diese Gefängnisse bestimmt?"

„Für die Galeerensträflinge, welche widerspenstig sind oder welche Exzesse begehen."

„Und wie lange können sie dort eingesperrt werden?"

„Drei Tage, acht Tage, vierzehn Tage, auch vier Wochen."

„Und ist diese einsame und dunkle Zellenhaft die einzige Disziplinarstrafe, welche auf den Verbrecherschiffen angewandt wird?"

„Nein, außerdem die Peitsche. Sie besteht aus fünf ledernen Riemen, welche an einem kurzen Stocke befestigt sind."

„Und wie viele Hiebe können mit dieser Peitsche ausgetheilt werden?"

„Der Chef der Admiralität kann bis zu fünfundzwanzig Hieben bestimmen. Ueber diese Zahl hinaus muß das Tribunal erkennen."

„Es ist das erste Mal," sagte ich, „daß ich in einem französischen Gefängnisse von der Anwendung der Peitsche höre. Das thut mir leid. In den deutschen Zuchthäusern ist die Peitsche freilich an der Tagesordnung. Allerdings, ein Bagno sehe ich in Frankreich zum ersten Male."

„Es wird in Frankreich auch nur im Bagno geprügelt, sonst nirgends, in keinem anderen Gefängnisse," erwiderte der Beamte.

Da fiel draußen, ganz in unserer Nähe, ein Kanonenschuß.

„Es ist sieben Uhr," sagte der Beamte, „sie kommen." Dann hörte ich draußen langes und anhaltendes Kettengerassel. Als wir in den untersten Raum hinabstiegen, füllte sich derselbe allmählig mit Galeerensträflingen. Hunderte kamen, wieder Hunderte folgten und stiegen die Treppen hinan auf das Mittelbeck, von Soldaten begleitet. Rund um mich Kettengerassel und bunte Gestalten in rothen Röcken, gelben Hosen, viele die schreckliche grüne Mütze auf den Kopfe. Reihenweis legten sie sich nieder auf den harten Fußboden, Jeder in seine Decke gewickelt, und die Ketten, welche um ihre Füße geschmiedet waren, wurden mit den untersten Ringen über die eisernen Stangen geschoben, und die Eisenstangen an ihren Enden mit Schlössern zusammengeschlossen. Eine Grabesstille trat in dem unteren Raume ein, während das Kettengerassel im Mitteldeck noch fortdauerte. Eiligen Schrittes verließ ich das Verbrecherschiff im Bagno zu Toulon — um es niemals wiederzusehen.

Elftes Kapitel.

Italiens schönste Straße.

Ist die Riviera di Ponente die malerischste und schönste
Straße Italiens, oder die malerischste und schönste Straße in
Europa? Für mich ist die Riviera di Ponente Beides, die
schönste Straße Italiens und die schönste Straße Europa's.
Vielleicht ist die Riviera auch die schönste Straße der Erde;
denn schwerlich wird sich irgendwie auf der Erde eine so reiche
Cultur von Jahrtausenden mit so viel landschaftlicher Schön-
heit verbinden, wie an dieser wunderwollen Küste des mittelländischen Meeres, dessen Küsten von jeher die Wiege der
Cultur und der Civilisation des Menschengeschlechts gewesen
sind. Jedenfalls ist die Riviera di Ponente reicher, malerischer
und schöner, als die Riviera di Levante — die Küstenstrecke
von Genua bis Spezzia. Es werden wohl kaum noch zwei
Jahre vergehen, dann werden die dampfenden und brausenden
Locomotiven auf der ihrer Vollendung nahen Eisenbahn von
Nizza nach Genua auch die wunderwollen Schönheiten der Riviera di Ponente allmählig in Vergessenheit bringen. Die
Eisenstraße durchsticht sämmtliche Vorgebirge, über deren Höhen
und Kuppen der heutige Weg hinüberführt, in mehr als hundert

Tunnels. Die Blicke von diesen Höhen und Kuppen, in denen sich die malerischen Verschiedenheiten der Riviera concentriren, verschwinden dann im Schattendunkel des unterirdischen Weges; noch einige Jahre und die alte, schöne Straße wird verfallen, und immer seltener werden die Touristen werden, welche trotz= alledem den einsamen und beschwerlichen Höhenweg der be= quemeren und schnell zum Ziele führenden Eisenstraße vorziehen — und dann werden ihre wunderbaren Schönheiten nur noch in den Blättern der Erinnerung der Menschen verzeichnet sein. Es wird der Riviera di Ponente ergehen, wie es der höchsten und prächtigsten Alpenstraße, der Wormser = Jochstraße, bereits ergangen ist. Verschollene Inseln, verschollene Menschen, ver= schollene Baudenkmäler der Vergangenheit; warum sollte es nicht auch verschollene Straßen geben?

Aber heute haben die dunklen Tunnels der Eisenstraße die glänzenden, farbeduftenden Landschaftsbilder der Riviera noch nicht begraben; steigen wir deshalb von Nizza ihre Höhen hinan, und schauen wir ihre Schönheiten — selbst das ver= wöhnteste Auge wird von ihnen vollkommen gesättigt werden, und die verwöhnteste Menschenseele wird wie im Garten des Camaldoliterklosters auf der Höhe des Posilipp bei Neapel zu= weilen die Empfindung haben, daß sie in das Paradies schaut. Die Schönheiten der Riviera liegen in dem wunderbaren Wechsel der herrlichsten Landschaftsbilder im funkelnden Rahmen des Meeres. Altersgraue, epheubewachsene Thürme erheben sich aus in der ganzen Pracht südlicher Vegetation blühenden Gärten; Schloßtrümmer aus der Sarazenenzeit und weiße Kirchen und Kapellen krönen Kuppen und Felsen, deren Fuß in Orange= wäldern und Citronenhainen ruht; das dunkle Grün der

Olivenwaldungen wechselt mit dem hellen Grün der Pinien-
gehölze und mit den breiten Schatten der Kastanienwälder;
wie dunkle Federbüsche erheben sich hohe Cypressen über weiße
Mandelblüthen und rothe Oleandersträuche, und grüne Reben-
gelände umschlingen die weißen Kalkberge, wie flatternde grüne
Bänder ein weißes Kleid. Zuweilen steigt die Straße dann
aus diesem Garten Italiens in die Region des Hochgebirges
hinan; öde, unfruchtbar und einsam wird rings die Umgebung;
über Steinströme und Geröllmeere blickt das erstaunte Auge
des Wanderers auf ferne Schneegipfel mit schimmernden Eiskronen und funkelnden Eisdiademen; plötzlich senkt sich die
Straße und steigt nun wieder hinab in die lachenden Gefilde
mit den weißen Städten und den duftenden Orangengärten
und Limonienhainen; Feigen und Wein, Myrthen und Rosen,
Cactus und Aloe treten wieder an die Stelle der dürftigen
Matten, und die Fächerkrone der Palme erinnert an den glühenden Sand der Wüste. Und der Rahmen aller dieser wechseln-
den Bilder funkelt und blitzt in allen Farben des Prisma;
goldene Sonnenlichter spielen in weiß schäumenden Wellen, in
purpurfarbenen Tinten und in blauer und grünen Tiefen und
die Wogen des Meeres singen dem Wanderer auf der Straße
wunderbare Lieder, bald in der stürmischen Weise der tosenden
Brandung, bald im leisen Plätschern auf weißen Kieseln.

Gleich hinter den letzten Häusern von Nizza beginnt die
Straße nach Genua anzusteigen. Zuweilen in den Fels eingesprengt, windet sie sich rechts an den Höhenzügen hinan. Je
höher man steigt, desto reicher wird der Blick auf die blühenden
Wände der Bucht, in der die Geburtsstadt Joseph Garibaldi's am Meere ruht, auf orangengeschmückten Terrassen, auf

elegante Villen und im Glanze südlicher Vegetation strahlende
Gärten. Man wird nicht müde, immer von Neuem noch ein=
mal zurückzuschauen. Dann verschwindet das Bild wie eine
glänzende Phantasmagorie plötzlich in der Tiefe, und es öffnet
sich ein neuer Blick auf ein anderes Thal; aber der Spiegel
des Meeres fehlt. Nochmals klimmt die Straße den Höhen=
zug hinan und, wenn man oben ist, nimmt auf einmal
eine Schneelandschaft die ganze Breite des Horizonts ein.
Eine hohe weiße Berglette, den Fuß in einen blaubuftenen
Schattenmantel gehüllt! Die hohe, weiße Berglette ist ein
Bild aus den Savoyschen Alpen. Aber man glaubt einen
Blick in einen Zauberspiegel zu thun, so plötzlich ändert sich
auf einmal die Scene. Der Grund dieser plötzlichen Aende=
rung der Scenerie liegt darin, daß die Straße statt wie bisher
rechts, links am Küstengebirge hinangeklommen ist. Tief unten
erscheint das Meer in seiner ganzen prächtigen Schönheit, ein
dunkelblauer Spiegel, auf dessen Fläche sonderbar geformte
Landzungen mit langgedehnten, weißen Häusergruppen schwim=
men. Wir sehen das reizend belegene Villafranca auf seinen
olivenbewachsenen Hügeln. Aber immer steiler steigt nun die
Straße, und immer wilder wird die Umgebung. Der Blick
auf die blühende, reiche Bucht von Nizza und der Blick auf
diese öden, steilen Hochebenen, welche Contraste! Die Vege=
tation scheint mit einem Schlage aufgehört zu haben. Magere,
dürftige Matten wechseln mit spärlich gesäeten Gerstenfeldern,
mit öden Steinmuren und weißen Geröllmeeren.

Ueber die Steinmuren und Geröllmeere Blicke auf weiße
Schneeberge! Die Straße steigt immer noch aufwärts. Wo=
hin das Auge schaut, überall die Scenerie einer rauhen Ge=

birgslandschaft. Dort steigt rechts aus der Tiefe ein jäher
Fels. Seine Gipfel krönen sonderbar geformte Mauertrümmer.
Die Mauertrümmer stammen von einem Raubnest der Sara-
zenen, welche sich auf dem schwer zugänglichen Felsen festgesetzt hatten, und die umliegende Landschaft brandschatzten. Wir
stehen hier auf dem höchsten Punkte der Straße. Nun wird
der Charakter der Landschaft etwas milder. Olivenbäume mit
ihren phantastisch geformten Stämmen und mit ihrem dunkeln
Grün bedecken an einigen Stellen die öde Hochebene. Noch
eine halbe Stunde, und die Hochstraße durchschneidet die ärm-
lichen Häusergruppen eines kleinen Bergstädtchens. Das Städtchen heißt Turbia und ist schon recht alt. Es reicht weit
über den verfallenen Sarazenenthurm hinaus bis in die altersgraue Römerzeit. Auch noch eine körperliche Erinnerung aus
jener Zeit ist da, ein kolossaler Römerthurm, den seine Erbauer
als Denkmal der Unterwerfung der ligurischen Volksstämme
errichtet haben. In Turbia ist Pferdewechsel; ich verlasse das
Coupé des Wagens, um währenddem die Trümmer, welche
fast zwei Jahrtausende überlebt haben, zu besichtigen. Der
alte Römerthurm, dessen eine Seite die verflossenen zwei Jahrtausende übrigens hart mitgenommen haben, ruht auf einem
hohen Unterbau. In seinem Mauerwerk wechseln mächtige
Quadern mit fest ineinander gekitteten, kleinen Steinen ab.
Jedenfalls hat der alte Römerthurm seit den beiden Jahrtausenden, welche er nun bald hier steht, die unvergleichlichste Aussicht auf der ganzen Riviera gehabt. Nach Osten hin schaut
er in die öde Gebirgswildniß; nach Westen blickt er auf den
weiten, jetzt in Blau, Purpur und Grün schimmernden Spiegel
des mittelländischen Meeres, der in unendlicher Ferne den

Horizont berührt und auf die blühenden Küsten von Antibes, während sich an den wilden Vordergrund die wunderbaren Gefilde von Ventimiglia und Bordighera anschließen — das Fabelland, wie mein geistvoller Freund, Dr. Genzner, Arzt in Mentone, diese schöne Küstenstrecke so gern nennt. Von Turbia steigt die Hochstraße in kurzen Windungen abwärts. Aus der öden Gebirgslandschaft streckt sie sich in den Garten Italiens hinab. Jede Wendung entfaltet dem Auge andere Bilder reichster Vegetation. Ein entzückender Duft schwebt über diesen blühenden Tiefen. Es ist der Duft der Orangenhaine und Citronenwälder von Monaco und Mentone. Auf einer ins blaue Meer vorspringenden grünen Kuppe er= scheinen die Häusergruppen von Monaco, um bei der nächsten Biegung der Straße wieder zu verschwinden; tief unten am Strande erscheint in dem dunklen Grün der Gärten eine schimmernde, weiße Linie. Die schimmernde, weiße Linie ist Mentone, der seit Kurzem so berühmt gewordene Kurort für Brustkranke; links auf der Höhe zeigen sich zwischen sonderbar geformten Felsblöcken und altersgrauen Schloßtrümmern die Häuser des Städtchens Roccabruna. Und immer tiefer senkt sich die Straße hinab, deren Ränder jetzt mit stattlichen Pla= tanen bepflanzt sind, und bald rollt der Wagen zwischen un= absehbaren Orangengärten, wo Millionen goldgelber Früchte unter dunkelgrünen Baumkronen schimmern, die Gegend wird paradiesisch schön. Orangenhaine wechseln mit Olivenwäldchen und strahlende Blumengärten mit eleganten Landhäusern; nun rollt der Wagen auf ganz ebener Straße zwischen zwei Reihen hübscher und stattlicher Häuser. Wir sind in Mentone, dem reizendsten Kurort an der Riviera.

Mentone hat unter den an der Riviera belegenen Kur-
orten eine große Zukunft und wird binnen einigen Jahren der
am meisten besuchteste Winteraufenthalt für Brustkranke und
Lungenkranke werden. Die Lage ist außerordentlich schön, die
Temperatur sehr milde und sehr constant. Weder Nizza, noch
Hyéres, noch Cannes sind vor den rauhen Nordwinden geschützt; die Nordseite der Bucht, an deren orangengeschmücktem
Strande sich Mentone ausbreitet, wird dagegen von einer mächtigen, hohen Felswand eingerahmt, an deren Rücken jeder
rauhe, aus dem Gebirge kommende Windstoß abgleitet, ohne
die Brust der armen Kranken zu berühren. Die mittlere
Tagestemperatur von Mentone beträgt während des Winters
über 12 Grad Reaumur, und sinkt niemals unter den Gefrier-
punkt; sie stellt sich also um 2—3 Grad günstiger, als die
mittlere Temperatur von Nizza.

Hinter Mentone führt die Straße durch zwei Reihen
reizend gelegener Landhäuser inmitten Orangengärten und
Citronenhaine. Wohin das Auge blickt, überall die üppigste
tropische Vegetation. An die Stelle der Platanen zur Ein-
rahmung des Weges sind rothblühende Oleanderbäume getreten.
Der Orangen- und Blüthenduft ist von intensiver Stärke.
Zwischen dunkelgrünen, uralten Olivengruppen und sonderbaren
Felsgebilden steigt die Straße nun stark an. Nach rechts reicht
der Blick weit über das Meer, dessen Strand die dunkeln
Baumgruppen fast berühren. Nun die wilde Felsschlucht; sie
bezeichnet die Grenze Italiens nach der Abtretung der Geburtsstadt Garibaldi's. Immer enger wird der Weg, bis Mauer-
werke mit Schießscharten und Bastionen die Straße von beiden
Seiten einschließen. Es ist das italienische Fort Ventimiglia

welches die Straße paſſirt. Unten am Meer erhebt ſich ein hohes Felsgebilde in der Geſtalt eines Thurmes. Beim erſten Blick iſt man zweifelhaft, ob die Natur oder ob Menſchenhände das Felsgebilde geſchaffen haben? Die ganze Küſtenſtrecke des Mittelmeeres von Nizza bis Genua iſt überhaupt reich an der= artigen Felsgebilden. In den ſonderbarſten Formen und Ge= ſtalten ragen ſie aus den blauen Fluthen auf. Jetzt behält die Landſchaft bis nach Oneglia immer denſelben Charakter. Sie läuft in gerader Richtung faſt im Niveau des Meeres durch eine mit Olivenwäldern, Citronenhainen und Orangen= gärten bedeckte Ebene. Links ſteigen rundgeformte Thalkeſſel, deren Wände ganz mit dem dunkeln Grün der Olive be= ſchattet ſind, zu der reichen Ebene hinab. Auf den Hügeln erſcheinen maleriſch geformte Thürme aus der Sarazenenzeit und halb im Laub verſteckte Dörfer, weiße Kuppelkirchen, dunkle Cypreſſengruppen, finſtere Häuſer, vermittelſt Arkaden und Bogen mit einander verbunden. Auch die Palme ſehe ich hier wieder; aber es iſt nicht die Palme, welche ich in der Wüſte Sahara ſah, der hohe, ſtolze Stamm mit der breiten Fächer= krone; ich mußte unwillkürlich an gerupfte Pfauen denken, als ich die Palmen von Remo und Bordighera ſah. Ein ge= rupfter Pfau iſt freilich auch ein Pfau; aber eine gerupfte Palme gleicht, beſonders in der zwergartigen Geſtalt, wie ich dieſen ſchönen Baum an der Promenade in Nizza ſah, faſt einem umgekehrten Kehrbeſen.

Oneglia iſt eine ſtattliche Stadt mit einigen ſchönen Plätzen und in italieniſcher Manier von Arcaden eingerahmten Straßen, hart am Meer gelegen. Der Ort bildet einen Ab= ſchnitt in den landſchaftlichen Schönheiten der Riviera, indem

von nun an bis nach Genua die Küste mit einem reichen Kranz
von Städten und Dörfern bedeckt ist. Stundenlang rollt der
Wagen auf den großen Fliesen ihrer von hohen Häusern eingerahmten Straßen, welche in der Höhe hie und da mittelst
Bogen verbunden sind; zu beiden Seiten wird das Erdgeschoß
von Läden, Werkstätten und Kaffeehäusern eingenommen, in
deren Thüren sich die ganze Bevölkerung des Städtchens zu
gruppiren scheint, wenn der Wagen der Messageries durch die
Straße rollt und das Horn des oben auf dem Banquett sitzenden Conducteurs in langgezogenen Tönen erklingt, um die
Bewohner von dem Herankommen des Couriers, der zugleich
den Briefwechsel auf der Straße besorgt, zu benachrichtigen.
Meistentheils ist der Weg zwischen den hohen, finstern Häusern
so eng, daß der breite Wagen kaum durchfahren kann; der
Conducteur reicht die Briefe mit der Hand in die Fenster
hinein und nimmt sie eben so in Empfang. Dann wieder
kurze Strecken paradiesischer Gärten, wunderbar schöne Blicke
in das Gebirge und auf das mit bunten Farbentönen bedeckte,
tiefblaue Meer, sonderbare, thurmgekrönte Felseninseln, an deren
Fuß die weißschäumenden Wellen branden, Castelltrümmer auf
den grünen, mit Rebengeländen bedeckten Vorbergen, bis der
Wagen von Neuem wieder durch die langen, engen Straßen rollt,
und sich dieselben Bilder italienischen Straßenlebens in immer
neuen Gruppen und Gestalten entfalten. Gleich hinter Oneglia
öffnet sich nach links die Aussicht in einen Thalkessel von sehr
schönen, runden Formen. Der weite Thalkessel ist ganz mit
Olivenwäldern bedeckt, welche wohl die schönsten Olivenwälder
der Welt sind. Das ist nicht der häßliche, kleine Baum, wie
ich ihn in der Provençe sah, den die Scheere des Gärtners

11 *

kurz und niedrig hält, das ist nicht die kärgliche staubbedeckte Olive, welche die sonnige Landstraße in Toscana einfaßt: nein, in diesem Thalkessel wächst die Olive in ihrer natürlichen Schön= heit, in ihrer ganzen Absonderlichkeit, in ihren phantastischen Gruppen und Gestalten mit ihren abenteuerlich geformten, zer= rissenen und gewundenen Stämmen, durch deren Löcher und Risse der blaue Himmel blickt und der goldene Sonnenstrahl gleitet, um die sonderbarsten Contraste zwischen Licht und Schatten auf dem grünen Waldboden hervorzuzaubern. Wer die Olive schilt, der soll durch diesen Thalkessel wandern, und er wird dann einräumen, daß der Olivenwald in seiner Ursprünglichkeit und Natur zu den schönsten Waldungen des Südens gehört. Und die Farbe der Blätter? Wie oft habe ich dies ins Grau spielende, dunkle Grün schon schelten hören! Aber gerade das matte, dunkle Grün der Olive ist ein Farben= ton, der in der Harmonie der glänzenden, funkelnden Farben= bilder, welche die südliche Sonne aufrollt, gar nicht fehlen darf. Er thut dem Auge außerordentlich wohl, und bildet gewisser= maßen das Relief zu dem schimmernden Grün, zu dem Pur= pur und Blau, zu dem Gelb und Roth, zu all' den bunten Tinten und Schattirungen, welche den Farbencharakter der italienischen Landschaft bilden. So sah ich die prächtigen Olivenwälder im Thalkessel zu Oneglia. Terrassenförmig stieg er vom Meere auf. Sechs Ortschaften, sich zu hübschen Bildern gruppirend, blickten aus den grünen Waldesschatten. Jedes Stückchen Erde war in der sorgfältigsten Weise ange= baut. In der Tiefe Orangengärten, die Seiten der Terrassen von der Weinrebe umschlungen, auf den Terrassen Getreide zwischen Maulbeerbäumen. Es ist seit funfzig Jahren in Deutsch=

land Mode geworden, von der Trägheit und Faulheit italieni=
scher Landleute zu sprechen. Der Unverstand schwatzt der Ver=
leumdung nach, ohne alle Kenntniß des Landes. Wer italieni=
schen Landbau kennen lernen will, soll die Riviera durchwan=
dern. Der deutsche Bauer könnte sich diese Sorgfalt und
diesen Fleiß in der Cultur zum Exempel nehmen. Durch eine
reich angebaute Gegend führte die Straße nun am Meeres=
ufer entlang, eine ganze Reihe echtitalienischer Ortschaften durch=
schneidend. Ueberall die Vorarbeiten der von Genua nach
Nizza führenden Eisenbahn; der Bahnkörper fast ganz fertig;
eine lange Reihe von Tunnels durchschneidet die Kuppen und
Vorberge, über deren Höhe die Straße sich hinüberwindet.
Wieder schwimmen sonderbar geformte Felsbrocken im Meer,
an deren Zacken und Ecken weiß schäumend die Brandung
tobt. In der Ebene wechseln Orangengärten mit Getreide=
feldern, mit Weingeländen, Feigenbäumen, Buchenwäldchen
und Platanengruppen. Dann nimmt die Straße plötzlich
wieder den Charakter der Hochstraße an. Sie klimmt die
Berghöhen hinan, eilt durch düstere Felsenthore, erklettert Fel=
sen, welche in wilder Gestalt bis hart ans Meer vorspringen
— auf kurze Zeit ersetzen wieder Geröllmeere und dürftige
Matten die reiche Vegetation der blühenden Ebene — bis sie
sich dann plötzlich wieder in scharfen, kurzen Windungen zum
Meere hinabsenkt, um dem Reisenden von Neuem eine Reihe
üppiger und reizender südlicher Landschaftsbilder aufzurollen.
So führt der Weg durch die Straßen des Städtchens Noli;
die Vorberge sind mit Olivenwaldung bedeckt, aus der licht=
grüne Pinien und dunkle Schloßtrümmer aufragen; eine große
Stadt — die bedeutendste an der Riviera — Savone er=

scheint mit prächtigen Kirchen und Gebäuden; es öffnen sich
sonderbare Einblicke in grüne Bergthäler mit Kieferwaldungen
von ganz nordischem Charakter; dann bilden Schiffswerften und
eine kleine Hafenstadt die nächste Scenerie der Straße; in der
Ferne erblickt man am blauen Gestade eine große weiße Stadt
mit vielen Thürmen und Schlössern. Die große, weiße Stadt
ist Genua, welche die Italiener „la superba" nennen. Noch
einmal eine kurze Reihe nordischer Landschaftsbilder, indem die
Straße in ein Seitenthal einbiegt, und in demselben den bis
hart an den Strand des Meeres vorgeschobenen Bergrücken zu
durchschneiden hat — man glaubt sich wie durch einen Zauber
auf einmal in ein Thal des Harzgebirges versetzt —, bis die
Straße auf der Höhe plötzlich wieder umbiegt, zum Meeres=
strande hinabsteigt und nun fortwährend bis Genua durch
blühend schöne Landschaften und durch lange Straßen großer
Dörfer und Städte führt. Diese letzte Strecke der Riviera ist
die reichste. Ein immerwährender Wechsel von Weingeländen,
Getreidefeldern, Maulbeerbäumen, Kastaniengruppen, Oliven=
gehölzen, Blumengärten, Landhäusern, langen Dörfern mit
malerisch gruppirten Häusern und Thürmen, reichdecorirten
Vorbergen, bis endlich die prächtigen Landhäuser oberhalb des
Dorfes Arenzana erscheinen; Pegli folgt mit seinen schönen
Villen; von Voltri bis nach Genua verwandelt sich die Küste
in ein einziges ununterbrochenes Städtebild echtitalienischen
Charakters. Nach einer Stunde rollt der Wagen auf den
breiten Fliesen der Straßen von Genua. Der Endpunkt der
schönsten Straße Italiens ist leider erreicht.

Zwölftes Kapitel.

Das Abenteuer in der blauen Grotte.

Wir standen am Strande von Capri, neben den zweitausend=
jährigen Trümmern des Palastes des finstern Römerkaisers, er
und ich. Vor uns wurde die schönste und größte Barke von
Anacapri segelfertig gemacht. Wir wollten nach der blauen
Grotte und nach Ischia fahren, ich und er, mein treuer und
liebenswürdiger Reisegefährte, der Reisende des großen Hauses
Joh. Friedr. Lochner in Aachen, Herr Julius Zuelzer, den
ich scherzweise meinen Intendanten nannte, weil er eben so
praktisch in allen Reiseangelegenheiten war, wie ich unpraktisch
bin. Die ganze halbnackte und zerlumpte Bevölkerung von
Anacapri umgab uns, „Evviva Garibaldi" rufend; er traktirte
sie mit Maccaroni und rothem Wein, und deshalb schrieen sie
„Evviva Garibaldi", die Armen, welche vor wenigen Tagen
noch „Evviva il Re!" gerufen hatten. Das Meer ging heute
hoch; deshalb hatten wir die größte Barke von Anacapri ge=
miethet und sie mit 12 Ruderern bemannt. Es war Nach=
mittags 4 Uhr. Wir brauchten 6 Stunden, um von Capri
nach Ischia zu fahren, und wir waren während der Nacht auf
offener See.

Die Barke war bemannt, das Segel flatterte am Mast; am Spiegel wehte die Fahne Italiens. Nochmals schrie die halbnackte und mit Lumpen bedeckte Bevölkerung von Anacapri: „Evviva Garibaldi!" Wir stiegen ein und fuhren einige hundert Ellen von der Küste hinein in den Golf, dessen blaue stille Wellen heute mit weißen Schaumwirbeln und smaragdgrünen Streifen bedeckt waren. Ein stattliches englisches Kriegsschiff kam uns entgegen, eine Fregatte von sechzig Kanonen; an den Mastspitzen und am Spiegel flatterten die Fahnen Englands im Winde. Der Dampfer kam aus dem Hafen von Neapel und nahm seine Richtung nach Capri. Er legte an. Eine Barke wurde in's Meer gelassen. Ein Dutzend Matrosen in der Seeuniform Ihrer brittischen Majestät, der Königin Victoria, kletterte in die Barke; nach ihnen ein älterer Herr in einem grau und weiß carrirten Sommeranzuge. Die Barke kreuzte sich mit der unsrigen. Wir lagen einen Moment Bord an Bord. Der Herr in dem grau carrirten Sommeranzuge rauchte eine Cigarre, keinen schwarzen, langen und dünnen italienischen Glimmstengel, der die Luft in einer Entfernung von einer Viertelstunde mit seinem mephitischen Hauch verpestet, sondern eine Havannacigarre, welche achtzig Thaler kostet und deren Duft lieblicher war, wie der Orangen- und Citronenhauch von Sorrent. Wir hatten vergessen, am Strande von Anacapri neben den Trümmern des Meerpalastes des finstern Römerkaisers unsere Cigarren anzuzünden, ich und mein Intendant. Die Gelegenheit war auch zu bequem, als der Bord unsrer Barken sich berührte. Ich bat den unbekannten Schiffer auf südlichen Meeren in der Barke von Ihrer

Majestät Flotte um Feuer. Still ruhten die Barken neben-
einander.

Die Cigarren brannten und unsere Nasen labten sich einige
Minuten am Duft der Havannah, welche ich jetzt auf
neunzig Thaler taxirte. Unsere Havannah's waren lange zu
Ende, und wir waren gezwungen gewesen, sie durch die Cigarre
zu ersetzen, welche man in ganz Italien, „die Cavourcigarre"
getauft hat, welche aber noch so hoch über den schwarzen Stin-
kadores steht, wie das rauchende Riesenhaupt des Vesuv über
dem blauen Spiegel des Golf.

„Bei wem hatte ich die Ehre, auf südlichen Meeren meine
Cigarre anzuzünden, mein Herr?" fragte ich, als wir alle drei
mit der Hand den Rand unserer Hüte berührten, um uns zum
Abschied zu berüßen.

„Ich bin Correspondent für eine englische Zeitung, und
Sie, mein Herr?"

„Ich correspondire für deutsche Zeitungen, mein Herr,
und dieser Herr ist zur Zeit mein Intendant, eigentlich der
Reisende des großen und berühmten Hauses Johann Friedrich
Lochner in Aachen, von dem Sie gewiß gehört haben werden."

Wir lachten alle drei, ich und er und der Correspondent
der englischen Zeitung.

„Die Kriegsflotte Ihrer Majestät der Königin von Groß-
britannien und Irland ist sehr höflich gegen die Correspondenten der englischen Zeitungen," sagte ich, noch lachend.
„Was meinen Sie, was würde der Capitain der Loreley,
Meister Kuhn, gesagt haben, wenn ich ihn ersucht hätte, mich,
weil ich die Cactusfelder und die Trümmer der Paläste des

Tiberius sehen wollte, auf Seiner Majestät Schiff an den Strand von Anacapri zu bringen?"

Wir lachten wiederum alle drei, er und ich und der Correspondent der englischen Zeitung.

„Und dennoch, mein Herr, fahren Sie weit vornehmer als ich; Sie reisen auf einem eigenen Schiff, mit Ihrer eigenen Mannschaft, wie ein englischer Herzog. Sie haben sogar einen Intendanten, während ich mein eigener Intendant sein muß. Die deutschen Zeitungen müssen ihren Correspondenten enorme Honorare bezahlen."

Jetzt lachte ich allein, aber lauter, als wir erst alle drei gelacht hatten. Wie würden erst die Correspondenten deutscher Zeitungen und wie würden die Eigenthümer dieser Zeitungen gelacht haben, wenn sie zugegen gewesen wären und derartige Illusionen eines englischen Journalisten gehört hätten!

„Nein," rief ich, „nein! So ist es nicht! Zerstören Sie derartige Illusionen in der Wurzel; Ich reise für meine eigene Rechnung, und bezahle von den Buchhändlerhonoraren meine Trinkgelder und Herr Zuelzer ist mein Intendant, weil es ihm Spaß macht, und er nimmt auch nicht einen Piaster Gehalt von mir. Im Namen aller deutschen Journalisten, erzählen Sie nirgends derartige Wunderdinge, daß Sie auf südlichen Meeren einen deutschen Schriftsteller auf eigenem Schiffe und mit einem Intendanten getroffen haben, dem seine Zeitungen zu derartigen Ausschweifungen Honorare bezahlen; Sie würden die Preise noch mehr verderben!"

Der englische College hob die drei Schwurfinger der rechten Hand in die Höhe und rief: „Ich schwöre auf den Degen von Catalasimi."

Ich war beruhigt. Wir drückten uns nach englischer
Sitte die Hand, der Intendant und wir beide. Die Ruderer
setzten die Ruder ein. Die Barken flogen über das Meer.
In wenig Minuten waren wir weit von einander getrennt.
Wir fuhren an der steil ansteigenden Felsenküste von Capri
entlang. Der Fischer am Steuer, eine ächt neapolitanische
Gestalt, mit dem charakteristischen Gesicht, dem schwarzen,
lockigen Haar, eine rothe Phrygische Mütze auf dem Kopfe,
nur mit einer grauleinenen Schwimmhose bekleidet, und sonst
ganz nackt, das unvermeidliche Amulet um den bronzefarbenen
Hals, hielt die Barke mit dem Steuer immer einige zwanzig
Ellen von der Felswand, damit der Wind uns nicht in die
Brandung werfe. Die smaragdenen Wellen leuchteten in den
goldenen Sonnenreflexen; saphirblau erschien die Tiefe der
Furche, welche sich hinter dem Backbord der Barke öffnete, und
die Sonne streute glühende und blitzende Funken hinein.
Trüben stiegen die weißen Paläste an dem märchenhaft schönen
Gestade terrassenförmig an dem grünen Rücken des Posilipp
in die Höhe, und das weiße Schloß von Sanct Elmo blickte
aus den Orangenbüschen und Oleanderbäumen hinab, wie aus
einem gewaltigen Strauß rother, weißer und grüner Blumen.
Hinter uns stieg der Vesuv auf, wie ein Riese. Schwarze Rauchwolken dampften aus seinem Haupte in die von keinem Wölk-
chen getrübte, azurne Atmosphäre, und die Feueresse da unten
in seinem Bauch warf zuweilen glühende Funkengarben in die
schwarzen Rauchwolken. Wie weiße und farbige Bänder um-
gürteten die Landhäuser von Castellamare und Portici seinen
weinumrankten Fuß. Zwischen den dampfenden Riesenhaupt
und den Weinreben der „Thränen des Herrn" floß das braune

Lava- und Schlackenmeer, unter dessen erstarrten Trümmern
die Marmorhäuser von Herculanum den zweitausendjährigen
Schlaf schlafen. Blühendes Leben und die Erstarrung des
Todes grenzten dort dicht aneinander. An den Farbenreflexen
konnten wir die Linie, welche die Regionen trennt, genau
unterscheiden.

Unsere Fischer ruderten eifrig. Es hatte wahrscheinlich
ihre Fantasie erhitzt, daß Herr Zuelzer die Bevölkerung von
Anacapri mit rothem Wein und langsträhniger Maccaroni
traktirt hatte. Die Fantasie der Neapolitaner und Sicilianer
erhitzt sich so leicht. In ihren Köpfen spukte es wahrscheinlich
von ganzen Maccaronibergen und von großen Seen, welche
ganz mit Thränenwein gefüllt waren. Und dann die „mancia's",
die „buona manu's", die „bottiglia's", die „servizio's", alle
die Staffeln der neapolitanischen Trinkgelderleiter, welche ihr
beweglicher Geist auf- und abkletterte! Mein Intendant hatte
ihnen versprochen, daß ihre kühnsten Wünsche befriedigt werden
sollten, wenn sie uns vor Mitternacht an den Strand von
Ischia brächten. Darum thaten sie etwas Unerhörtes, Etwas,
was der Neapolitaner selten thut; sie strengten sich an; sie
arbeiteten.

„Spukt denn der Geist des Römerkaisers Tiberius noch
Nachts auf Capri?" fragte Herr Zuelzer die rudernden Fischer.

„Imperatore Tiberio?" fragten sie verwundert. „Garibaldi
e imperatore nostro." Dabei leuchtete ein Strahl von Enthusiasmus in ihren schwarzen, schönen Augen. Sie wußten
nichts vom Römerkaiser Tiberius, die Armen! Sie kannten
nur die Madonna, zu der sie beteten, den „Re Bomba" und
den „Re Bombino", welche sie einsperren und prügeln ließen,

und Garibaldi, den sie „Il nostro secondo Jesu Christo" nannten.

Eine halbe Stunde fuhren wir an dem felsigen Ufer, wo die Wellen an mehreren Stellen Höhlen und Risse ge- spült hatten, entlang. Herr Zuelzer steckte den Kopf neugierig in jedes größere Loch. Er war von der fixen Idee besessen, daß er heute auch eine „grotta azurra" entdecken müsse. Aber alle seine Hoffnungen waren eitel. Die Ruderer sprachen leise unter sich von dem Zustande des Gehirns der Signori Inglesi in nicht sehr schmeichelhaften Ausdrücken. Dann legten sie vor einer Höhlung in den felsigen Gestaden an, welche sich in ihrer äußern Form in nichts von den andern Höhlen, an denen wir vorüber gefahren waren, unterschied. Sie erhob sich nur einige Fuß über den Spiegel des Golfs. Es war der Eingang zu der blauen Grotte — la grotta azurra — welche der Maler Kopisch entdeckte. Vor derselben wiegte sich eine kleine Barke auf den Wellen. In der Barke saß eine Menschengestalt, wie ich sie selten häßlicher gesehen habe. Es war ein alter Mann in den Sechzigern. Sein Bart und Haar waren ergraut. Das ganze mit Runzeln bedeckte, gelbe Gesicht hatte einen wen- dischen Charakter, breite, hervorstehende Backenknochen, eine eingedrückte Nase, breiten Mund. Als wenn die Natur alles Häßliche in dieser Gestalt hätte zusammenhäufen wollen, hatte sie ihn mit einem starken Buckel und hohen Schultern beschenkt.

Mit einem grinsenden Lächeln, welches sein Gesicht nur noch häßlicher machte, lud er uns ein, in seinen Kahn zu steigen. „Wenn das Loch da in den Tartarus führte, und dieser Kerl der Charon wäre," rief Herr Zuelzer, „corpo di Dio, er könnte nicht häßlicher sein! Aber vorwärts!"

174

Wir stiegen in den Kahn, und setzten uns auf den Boden
desselben nieder. Der sonderbare Fährmann that dasselbe. Wir
saßen so tief, daß unsere Köpfe nur zur Hälfte über den Rand
der Barke hervorragten. Einige Ruderschläge brachten die Barke
gerade vor die Höhle. Ich sah jetzt, sie war so eng, daß man
nur mit einer ganz kleinen Barke eintreten konnte. Wir bückten
die Köpfe noch tiefer, der Schlag der Wellen schob die Barke
in die Höhle.

Einige Momente war es rund um uns dunkel. Die
Dunkelheit war eine Sinnentäuschung, welche der Contrast des
goldenen Sonnentages auf dem saphirnen Golf mit dem blauen
Sonnenlicht in der märchenhaften Grotte hervorbrachte. Dann
dämmerte der Morgen, aber nicht in flammendem Roth, wie
wenn die Sonne die weißen Klippen und Thürme der Felsenwände von Capri umleuchtet, sondern in einem zauberhaften
Blau, welches in wenigen Momenten alle verschiedenen Töne
und Tinten durchlief, deren diese Farbe nur fähig ist. Aber,
es waren nicht die kalten Farbentöne des Nordens, es waren
die duftigen, warmen, sonnendurchglühten Tinten des Südens,
welche sich der Seele mit einem weichen und sinnlichen Hauch
anschmiegen, wie die Töne einer edlen Geige, welche die Meisterhand einer Milanollo vibriren läßt. Das indigofarbene
Blau, welches kurz nach Sonnenuntergang die Wellen des
Leman färbt, wechselte mit dem Blau des wunderbaren See's,
in dessen glänzenden Fluthen sich der geschmückte Thron des
ewigen Frühlings neben dem graugelben Haupte des Simplon
mit seinen blitzenden Eiskronen und weißen Schneediademen
spiegelt; eine unsichtbare Hand wischte auch diesen Ton hinweg, und jetzt glänzten die Wände, die Decke und das Meer

in den märchenhaften und zauberischen Farbentönen, welche mit
einem Gefühle der Wolluft das Auge trinkt, das im Mittags-
sonnenschein von dem Gipfel des Epomeo auf Jschia über den
saphirnen Golf und die in ihm schwimmenden Zauberinseln schaut.
Nur erschienen die Tinten heller, lichter, sonnenstrahlender.
Unwillkürlich schloß ich einen Moment die Augen vor dem
Glanz, den die Stalaktitwände der Grotte ausstrahlten, und
als ich die Augen wieder öffnete, glänzten die Wände und das
Meer in einem zauberhaften, himmelblauen Wiederschein.

Es war die Zaubergrotte aus dem Feenmärchen. Hoch,
vielleicht hundert Fuß über uns wölbten sich die Bogen; in
phantastischen Bildern und Gestalten stiegen sie nieder in die
silberne Fluth, und unter ihrem durchsichtigen Spiegel blickten
wir vielleicht noch hundert Fuß in den Grund, wo in
der leisen Bewegung des Wassers die Gestalten und Bilder
zitterten, als wenn sie durch die Berührung der silbernen Fluth
lebendig geworden wären. Langsam glitt die Barke an den
Stalaktitwänden entlang bis in das hintere Ende der Grotte,
welche eine Länge von hundert und sechzig Fuß haben mag.
Die Ruder, welche sich im Spiegel des Wassers brachen, die
Ränder der Barke, welche in umgekehrter Form unter dem
Boden derselben noch einmal erschienen, waren mit einem silber-
blauen Glanz überstrahlt, da blickten wir zurück nach dem
Eingang der Grotte. Ein Strom von goldenem, rothem
Sonnenlicht drang hinein, und überrieselte die silberfarbene
Fluth mit goldenen und farbigen Lichtern und Funken — es
war der Wiederschein der Fläche des in farbigem Sonnenlicht
strahlenden Golfs.

Lange blickten wir trunkenen Auges in das Reich dieser

zauberhaften Farbentöne. Ich hatte den häßlichen alten Mann am Ende der Barke vollkommen vergessen. Plötzlich begann er mit Herrn Zuelzer ein Gespräch, welches er nach neapolitanischer Weise mit einer Reihe der lebendigsten Gesten begleitete. Der Intendant schien dem Manne genau zuzuhören.

„Was will dieser fürchterliche Kerl," unterbrach ich endlich das Geschwätz, „will er vielleicht eine besondere „mancia" oder „buona mano", daß er uns wieder hinausfährt aus diesem Zauberpalast der Nereiden?"

„Noch nicht." sagte Herr Zuelzer, „er schlägt mir etwas vor, was nicht übel ist. Er will sich entkleiden und in dieser silberhellen Fluth um die Barke herumschwimmen. Ich werde ihm dafür einen Piaster zahlen."

Ich schauderte. „Sind Sie des Teufels? Diese widrige Creatur soll ich in ihrer häßlichen Gestalt im Wasser sehen, und dazu nackt? Diesen ergrauten Satyrkopf mit dem Buckel und den verwachsenen Schultern? Ich soll mir durch dieses fürchterliche Menschenbild auf immer die Erinnerung an diese märchenhafte Zaubergrotte verderben? Wenn ein schönes Mädchen unser Fährmann wäre, und diesen Vorschlag machte, dann hätte ich nichts dawider. So niemals!"

Aber Herr Zuelzer bestand auf sofortiger Ausführung der fürchterlichen Idee. „Da ich selbst keine blaue Grotte entdecken kann, so will ich jedenfalls ein sonderbares Schauspiel in der blauen Grotte haben," sagte er.

Wir geriethen in einen kurzen und heftigen Wortwechsel. Mein sonst so sanfter und liebenswürdiger Intendant wurde desto störriger, je heftiger ich widersprach. „Ein schönes Mädchen wäre mir auch lieber, sie würde besser mit der Umgebung stimmen," rief er, „aber da wir sie nun einmal nicht haben, wohlan denn, so nehme ich das Ungeheuer. Ein Satyr mit Bocksfüßen für die Venus von Capua."

Das Ungeheuer lachte thierisch. Obschon es kein Wort von unserer Unterredung verstand, hatte es mit der dem Neapolitaner eigenen Pfiffigkeit unsere Gedanken errathen. Ein gelungener Staatsstreich, dachte es, wird zum fait accompli und siegt über alle diplomatischen Verhandlungen. Der Fürchterliche begann sich zu entkleiden.

„Ferma!" rief ich ihm zu. „Ferma! Ich will das nicht sehen. Ich will mir die Erinnerung an diese Zaubergrotte nicht durch den Anblick eines Frosches verderben lassen. Das Ungeheuer soll mich hinausbringen; dann machen Sie, was Sie wollen!"

Aller Widerspruch des Intendanten war vergeblich. Ich drohte dem Charon, ihm den Hals auf seinen hohen Schultern umzudrehen, wenn er mich nicht sofort aus der Grotte bringe; ich that mehr, ich versprach ihm einen halben Piaster, und hielt ihm das blanke Geldstück unter die Nase. Das wirkte. Er setzte die Ruder ein; in wenig Secunden befand sich die Barke am Eingang. Wir setzten uns auf den Boden derselben nieder. Ein Schlag mit dem Ruder; die blaue Zaubergrotte lag jenseits hinter dem Felsenvorhang; vor uns schwammen Himmel und Meer im goldenen Sonnenlicht. Ich stieg in unsere Barke. Von Neuem schob sich der Kahn an die Felswand. Der Intendant und der Charon bückten die Köpfe. Noch eine Secunde und der Kahn war geheimnißvoll unter dem Felsen verschwunden.

Ich blickte rückwärts nach den schwebenden Gärten von

Sorrent auf ihren weißen zackigen Felsvorsprüngen, welche der Reflex der Abendsonne jetzt in ein Meer von röthlichem Duft tauchte. Wie ist es schön dort oben in diesen Gärten der Hesperiden, unter den hochstämmigen, schlanken Bäumen der Orangenhaine, welche, der Last ihrer goldenen Früchte fast erliegend, die Sinne durch den Duft der Blüthen berauschen! Da schaut ein stattliches Haus mit breiten Marmorbalkonen von der steilen Felswand auf den lichtblauen Golf. Es war Tasso's Haus. Drei und dreißig Jahre waren an dem Manne vorübergeschritten, als er voll bitterer Erfahrung, scheu und menschenfeindlich, als Flüchtling wieder jenes Haus betrat, welches damals seine Schwester Cornelia bewohnte; er war geflohen aus Ferrara, geflohen aus Turin und Rom, der Dichter des befreiten Jerusalem. Vorahnend läßt der Dichter ihn diese Scene der Prinzessin schildern:

„Nach Neapel will ich bald. — —
Verkleidet geh' ich hin, den armen Rock
Des Pilgers oder Schäfers zieh' ich an.
Ich schleiche durch die Stadt, wo die Bewegung
Der Tausende den Einen leicht verbirgt.
Ich eile nach dem Ufer, finde dort
Gleich einen Kahn mit willig guten Leuten,
Mit Bauern, die zum Markte kamen, nun
Nach Hause kehren, Leute von Sorrent;
Denn ich muß nach Sorrent hinüber eilen.
Dort wohnet meine Schwester, die mit mir
Die Schmerzensfreude meiner Eltern war.
Im Schiffe bin ich still, und trete dann
Auch schweigend an das Land; ich gehe sacht
Den Pfad hinauf, und an dem Thore frag' ich:
Wo wohnt Cornelia? Zeigt mir es an!

Cornelia Seriale? Freundlich deutet
Mir eine Spinnerin die Straße, sie
Bezeichnet mir das Haus. So steig ich weiter,
Die Kinder laufen nebenher und schauen
Das wilde Haar, den düstern Fremdling an.
So komm' ich an die Schwelle. Offen steht
Die Thüre schon, so tret' ich in das Haus. — —

Da hörte ich einen Schrei in der Zaubergrotte an der andern Seite des Felsenvorhanges. Es klang wie ein Schrei der Entrüstung und des Abscheues. Es war die Stimme des Intendanten. Ich erschrak, da der Schrei sich mehrmals mit verstärkter Heftigkeit wiederholte. Was fiel dort vor? Das Ungeheuer machte doch keinen Raubanfall auf den Intendanten? Uebrigens war derselbe ein großer und kräftiger, junger Mann. Der Schrei wiederholte sich noch mehrmals. Ich ließ die Barke ganz nahe an die Felswand legen. Jetzt hörte ich das Geschrei deutlicher. Ich verstand ganz deutlich die Worte: Fuori, fuori! Ich lachte laut auf, denn jetzt wußte ich, was in der Zaubergrotte vorging. Der Intendant hatte das Ungeheuer nackt im Wasser gesehen. Es war der Schrei der Entrüstung, den ihm der Anblick auspreßte. Ich ließ die Barke einige Ellen von der Wand entfernen, um dem Kahne, der nun gleich aus der Höhle herauskommen mußte, Platz zu machen.

Der Kahn erschien auf dem Golf. Aus seinem Boden richtete sich die hohe Gestalt des Intendanten gerade in die Höhe. Ich werde das Gesicht, was er machte, nie vergessen. Er sah aus, als wenn er ein schreckliches Gespenst gesehen hätte. Auf seinem Gesicht wechselten Abscheu, Widerwillen und Entsetzen. Dann brach er in ein lautes Gelächter aus. Hinter ihm erhob sich das Ungeheuer noch nackt. Schaudernd wandte

ich mich weg und blickte über das Meer nach Neapel. Ich
hatte glücklicherweise nur halb gesehen.

„Niemals werde ich diesen schauderhaften Anblick vergessen.
Als Macbeth Banquo's Geist am Tische sah," rief Herr Zuelzer,
„muß ihm so zu Muthe gewesen sein, wie mir da drinnen. Die
Erinnerung an die Zaubergrotte ist für mich auf immer ver-
dorben. Vorwärts nach Ischia."

Ich hörte hinter mir ein Geldstück auf dem Boden des
Kahns klingen. Es war der Lohn, den der Intendant für
das Abenteuer in der blauen Grotte bezahlte. Dann sprang
er in die Barke. Ich war nicht im Stande, mich umzuwenden.
„Avanti!" schrie Herr Zuelzer, und die Barke flog über die
jetzt spiegelglatten Wellen des Golfs, welche glänzten, wie ein
venetianischer Spiegel, wenn die Abendsonnenstrahlen senkrecht
auf die Fläche fallen, in das mittelländische Meer. Am fernen
Horizont lagen auf dem dunkleren Meere lange Streifen des
Abendrothes, glühend, wie feurige Kohlen, so daß die Schiffe,
welche auf der Höhe des Meeres vorüber nach Sicilien fuhren,
wie schwarze Figuren im chinesischen Schattenspiel erschienen.
Um Mitternacht landeten wir an der Küste von Ischia. Der
Intendant hatte der blauen Grotte mit keinem Worte mehr
erwähnt.

Ein halbes Jahr später kam Herr Zuelzer zu mir
nach Berlin. Wir besuchten das Opernhaus, um das Ballet
Ellinor zu sehen. Das Ballet hatte ein um so größeres
Interesse für uns, weil wir ja „jene Küsten, welche Lucifer
vom Himmel riß und bei deren Anblick der Heiland die Thränen
weinte, aus denen die Trauben aufsprossen, welche man die
Thränen des Herrn genannt hat," zusammen besucht hatten.

Als nun das prächtige Wandelbild, welches jene Küsten dar-
stellt, vorüberzog, als sich alle jene zauberhaften Naturbilder
vom Cap von Misene bis zu den Felsenklippen von Capri vor
uns aufrollten, da wandte auf einmal mein liebenswürdiger
Reisegefährte seinen Kopf seitwärts. Sein Gesicht wurde blaß,
und seine Züge bekamen den Ausdruck des Widerwillens. Es
war ein heißer Sommerabend, und die Atmosphäre im Opern-
hause war tropisch. „Was ist Ihnen, Freund, wird Ihnen
unwohl?" fragte ich besorgt.

„Es ist vorüber," sagte er, und sah wieder auf die Bühne.

„Ich kann sie nicht einmal auf der Leinwand wiedersehen" — —

„Ich verstehe wirklich nicht," — —

„Ich dachte an das Abenteuer in der blauen Grotte,"
flüsterte er, und der Ausdruck des Ekels und des Widerwillens,
den ich an jenem Abende auf dem Golf von Neapel auf seinen
Zügen gesehen hatte, erschien von Neuem auf seinem Gesicht.
Jetzt wußte ich, weshalb er sich schaudernd abgewandt hatte.
Die „grotta azurra" glitt so eben auf der Leinwand vorüber,
und bei ihrem Anblick war das Ungeheuer von Neuem vor
einem geistigen Auge erschienen.

Dreizehntes Kapitel.

Am Krater eines feuerspeienden Berges.

Es war zwei Uhr Nachmittags, im Monat August, und eine afrikanische Hitze herrschte in Neapel und der Umgegend der Stadt, von der der Neapolitauer sagte: „Vedere Napoli e poi morire!" Neapel sehen und dann sterben! Ich stand in der Hauptstraße Resina's, dessen Häusergruppen auf den Trümmern des verschütteten Herculanum erbaut sind, und fragte nach einem Pferde und nach einem Führer, um den Vesuv. zu ersteigen. Zwanzig Menschen boten sich mir an, um mich zum Krater zu führen, jeder pries sein Pferd, jeder sein Talent als Cicerone. Nur der zäheste passive Widerstand half mir aus der Noth und zum Ziele. Glücklich saß ich endlich im Sattel; im Trabe bog ich in eine Seitenstraße ein; neben dem Pferde trabte der Führer, der mit dem unnachahmlichen Gurgelton des neapoli= tanischen „Ahoi" das Pferd aus dem Trabe in Galopp zu setzen versuchte.

Nach einigen Minuten lagen die Häuser von Resina hinter mir. Die breiten Marmorfliesen des Straßenpflasters in Resina hatten aufgehört, und ihre Fortsetzung bildete ein Weg, wie man seines Gleichen nur im Neapolitanischen oder auch im Reiche

des Statthalters Christi auf Erden findet, ein Muster in Ver-
nachläffigung des Straßenbaues. Durch den Regen ausge-
waschene, tiefe Löcher wechselten mit zerbrochenen Felsstücken
und Steinklumpen von allen Größen, mit Kieshaufen und
Sandwällen. Nur die Uebung und Ausdauer eines neapolitanischen Bergpferdes ist im Stande, auf diesem erbärmlichen
Wege im Trabe vorwärts zu kommen, ohne nicht in jeder
Viertelstunde einige Male zu stürzen. Weingärten und Oliven-
pflanzungen bedeckten zu beiden Seiten des immer schlechter wer-
denden Weges die Abhänge des Berges. Hier wachsen die
Trauben, aus denen der Wein gekeltert wird, den man die
„Thränen des Herrn" nennt. Ich blickte rückwärts. „Vedere
Napoli e poi morire!" Das See- und Landschaftsbild, welches
sich vor mir aufrollte, gehört zu den herrlichsten Naturbildern
der Erde. Unter mir schimmernde Villen und Städte, von
den Orangen- und Citronengärten des Cap Misene bis zu den
Häuserterrassen von Neapel, welche an den grünen Höhen des
Posilipp bis zu den Mauern von St. Elmo hinaufliegen. Wie
ein Kranz von Edelsteinen umrahmten die schimmernden Villen
und Häuserterrassen den dunkelblauen Golf und in seiner spie-
gelnden Fläche glühten und funkelten alle Farben des Prisma
in goldenen Sonnenreflexen. Ein dunkler Streif trennte die
weißen Häuserterrassen von dem glühenden Seespiegel, ein Wald
von Masten, zwischen dessen Stämmen tausend bunte Fahnen
flatterten. Wie Inseln aus einem Zaubermärchen erhoben sich,
umweht von blaugoldenem Duft, Capri, Ischia und Procida
aus diesem schimmernden und strahlenden Stahlspiegel, der sich
weiterhin in eine glänzende Silberfläche verwandelte, und sich
endlich an das durchsichtige Aethermeer anschloß, welches sich

in der Form einer strahlenden Kuppel über dem reichen Land-
schaftsbilde wölbte. Wunderbares Bild üppigen Lebens und
prächtiger Vegetation des Südens, umweht von Orangenduft,
vom Hauch der indischen Nelke, umklungen von Sagen aus der
Römerzeit und aus dem Mittelalter!

Und vor mir! Vor mir entfaltete sich ein Bild des
Todes der Natur, die ersten schwarzen Wellen des Lavameers,
welches zu Zeiten aus dem glühenden Krater des Feuerberges hinabströmt und das blühende Leben in heißer Um-
armung erstickt. Ich habe die großen Gletscher des Montblanc
und des Großglockners durchzogen; auch dort schaute ich die
Erstarrung der Natur in winterlicher Öde; aber unter meinen
Füßen hörte ich die Bäche brausen und die Quellen rauschen;
unter der erstarrten Eisdecke quoll doch das Leben in hundert
Strömen und blühende Landschaften nieder, die grünen Wiesen
und dunklen Wälder erquickend, und die Sonnenstrahlen flim-
merten in diamantenen Funken in dem Kristall der Gletscher
und entlockten der erstarrten Eisfläche schimmernde Thränen.
Leben und Tod grenzten dort dicht neben einander, nur durch
eine schmale Linie getrennt, und das Leben wurde in den
Armen des Todes geboren. Aber hier? Schwarze Lava-
wellen, braune Schlammwogen lagen vor mir, in ihrer Bewegung erstarrt, und jede noch in der Form ihrer Bewegung die
letzten Zuckungen des Lebens zeigend, oft felsartig aufgethürmt,
dann stockend, plötzlich abbrechend, dann wieder zur Seite einen
schwarzen Strom hinabwerfend. Sah der unsterbliche Dichter
vielleicht ein Lavafeld, als er jene schrecklichen Worte über die
Pforten der Hölle schrieb? Todesschweigen herrschte ringsum
in der Natur; kein Hälmchen blühte, keine Blume guckte zwi-

schen den schwarzen, zerrissenen und aufgethürmten Spalten hervor; kein Athemzug des Windes kühlte meine heiße Stirn. Mühsam, jede einzelne Scholle mit dem Hufe prüfend, kletterte das wackere Pferd die Schollen und Schlacken hinan. Dann veränderten sich auf einmal die Formen des Lavameeres, die Höhen und Hügel verschwanden. Ich durchritt eine Fläche, welche aussah, wie ein frisch geackertes Feld und eine braune Farbe hatte. Ich befand mich auf dem Lavastrom der letzten Eruption. Aber das waren Cyclopen, welche hier gepflügt hatten; Elephanten hatten die Pflüge gezogen. Der Boden war noch warm. Aus den Spalten und Rissen quollen Dampfwolken und Schwefeldünste. Dann schien der braune Acker plötzlich in wilde Unordnung gerathen zu sein. Schwarze Ströme hatten die Dämme durchbrochen und sich in die Ebene ge= stürzt, plötzlich wieder stockend und hohe Schlammwulsten wild übereinander aufschichtend. Das war der Eisgang des schwarzen Cocythos, durch dessen Wellen Charons Nachen die Seelen der Gestorbenen steuert!

Endlich war ich am Rande dieser Lavawüste angekommen. Der mattgrüne Rasenboden, auf dem mein Pferd aufwärts im Galopp dahinstürmte, erschien mir nach solchem Contraste wie üppiges Wiesengrün in Hochgebirgsthälern, von silberhellen Bergbächen durchrieselt; ein frischer Luftzug trieb die Schwefel= dämpfe des gepflügten Lavaackerfeldes abwärts. Vor mir er= hob sich ein einsames Holzhaus, zu dem eine Treppe hinan= führt, auf einem kleinen Plateau. Eine in eine braune Kutte gehüllte Gestalt, den magern Leib mit einem Strick umgürtet, den Kopf geschoren, das Gesicht gelb und mit starken, hervor= stehenden Backenknochen, von einem schwarzen, etwas wild aus=

sehenden Bart eingerahmt, trat mir entgegen und lud mich ein, einzutreten und mich zu erfrischen. Es war der Eremit des Berges, ein frommer Capuziner, der hier oben mit der Aussicht, mit Thränenwein und gemietheten Musikanten ein ganz vortreffliches Geschäft macht, ein Abklatsch jener schweizerischen Gletscher- und Höhlen-Troglodyten, welche die Saison ausbeuten, und die Reisenden nach Nationalitäten registriren und besteuern. Alle Verführungskünste wurden Seitens meines Führers und des schlauen Kapuziners gemeinsam versucht, um mich zum Absteigen zu bewegen. Ich sah nach der Uhr. Sie zeigte auf Fünf. Vor Sonnenuntergang mußte ich auf dem Kegel des Vesuv stehen. Keine Stunde war also zu verlieren. Ich warf Führer und Eremiten, welche sich gemeinsam der Zügel meines Pferdes bemächtigt hatten, zur Seite und trieb das Thier zum Galopp an, gerade auf die kegelförmige Spitze losreitend, welche sich vor mir in der Form eines Kegels von Basalten erhob. Schreiend und fluchend stürmte der Führer hinter mir her. Nach einer Viertelstunde hatte er mich trotz der glühenden Sonnenhitze wieder eingeholt und erklärte mir mit großer Energie, daß die Ersteigung des Kegels nun beginne und es mit dem Reiten ein Ende habe.

Steil, in der Form einer fast senkrechten Wand, erhob sich vor mir der Kegel des Vesuv, ganz aus Geröll, Bimsstein, Lava und loderer Steinerde aufgebaut. Seinen Gipfel bildet der Krater. Mit jedem Ausbruch wechselt dieser Kegel an Höhe und Gestalt. Bald thürmt sich aus den emporgeschleuderten und wieder herabgefallenen Schlacken ein neuer Kegel; bald stürzt die Spitze der unterhöhlten Bergpyramide donnernd in sich selbst zusammen. Das Atrio del Cavallo, an dessen Abhang die Hütte des Eremiten steht, ist der einzige Ueberrest des alten Vesuv. Uebrigens ist kein Vulcan der Erde so leicht zugänglich, wie der Vesuv. Den Hella trennt vom Festlande das weite Meer; die Ersteigung des Aetna ist ebenso umständlich, als selten belohnend; denn der Aetna ist in seiner Thätigkeit müde und altersschwach. Der Stromboli ist frei= lich in unaufhörlicher Bewegung; aber mit den gewöhnlichen Communicationsmitteln sind die liparischen Inseln nicht zu er= reichen; auch fehlt ihm, abgesehen von diesen Schwierigkeiten, die Mehrzahl der wichtigen Erscheinungen des Vesuv.*)

Ich verließ den Sattel und schaute mir mit wahrschein= lich wenig zufriedenen Mienen die schwarze Wand an. Ein aus der Einsiedelei mitgelaufener Bursche führte das Pferd fort und nun begann die Ersteigung in folgender Weise. Der Führer zog einen ledernen Riemen, der an seinem Ende eine Schlinge hatte, aus der Tasche, befestigte sich denselben über der Brust und ließ mich die Schlinge mit der linken Hand fassen. In die rechte Hand gab er mir einen mit einer eisernen Spitze versehenen Bergstab. Die Hitze war afrikanisch, glühend, während die Sonnenstrahlen auf dem schwarzen Gestein brann= ten, strahlten sie eine versengende Gluth aus. Ein festes Auf= treten des Fußes war unmöglich, da jeder Stein, sowie der Fuß ihn berührte, in die Tiefe abwärts rollte. Langsam kletterte ich mühsam aufwärts, wahrhaft im Schweiße meines Angesichts, theils von dem Führer an der Schlinge gezogen, theils mich auf den eisenbeschlagenen Stab stützend, oft mit

---

*) S. Ein Blick auf Calabrien von Elpis Melena. Ham= burg. Hofmann und Campe. 1861.

Händen und Füßen, wenn ich trotz Bergstab und Schlinge zum Fallen kam, mich an dem bröckelnden Boden anklammernd. Eine wahrhafte Sisyphusarbeit! Wennich hundert Fuß gestiegen war, war ich gewiß ein halbes Dutzendmal niedergestürzt, keuchend und schwitzend, fast erstickt von der Hitze. Auch der Boden begann allmälig immer heißer zu werden; Rauchwolken und übelriechende Dünste drangen hie und da aus den Spalten der Lava. Ich stieg mit dem Muthe der Verzweiflung. Viertelstunde um Viertelstunde verrann. Die glühende Asche versengte die Sohlen meiner Stiefeln, das Leder zerriß an den Bimssteinkanten des Gesteins; immer versengender wurde die Hitze, immer intensiver der Schwefeldunst. Einmal riß der Riemen, an dem der Führer mich aufwärts zog; wir stürzten Beide nieder und kollerten neben einander, wie zwei hinabrollende Steine. Endlich, nach mehr als einstündigem Klettern waren wir oben auf dem Plateau. Ganz ermattet sank ich zu Boden. Der Puls schlug hundert Mal in der Minute. Niemals habe ich eine solche Erschöpfung empfunden.

Aber welch ein Anblick! Rundum eine wahrhaft höllische Umgebung! Gelbe Schwefelberge stiegen rings um mich auf. Der Boden bestand aus Asche und Lava, welche in der Tiefe von zwei Fuß noch in der Gluth waren. Nach einigen Minuten war alle Erschöpfung verschwunden; der überraschende Anblick drängte jede andere Empfindung zurück. Ich stand auf und steckte das obere Ende meines Bergstocks in die Asche. Als ich ihn nach einer Stunde wieder herauszog, brannte das Holz lichterloh. Ich zündete an der Flamme des Vesuv eine Cigarre an. Zehn Schritt höher und ich stand am Rande

des Kraters. Der Krater bestand aus einem Kessel von un=
gefähr fünfhundert Fuß Durchmesser und einer Tiefe von sechs=
hundert Fuß. An manchen Stellen erschienen die Felsenwände
des Kessels ganz steil; an manchen Stellen weniger abschüssig.
Wie der Boden des Kessels waren sie ganz und gar mit gel=
bem Schwefelschlamm übergossen. In der Tiefe schimmerte
der Schwefelschlamm in glänzenden metallischen Farben, grün,
gelb, roth, orange, blau, wie Teppiche aus Schlangenhäuten.
Aus der höllischen Tiefe stiegen glühende Schwefeldämpfe und
feurige Dampfwolken, und unter den Dampfwolken und
Schwefeldämpfen rauschte und brauste es wie in einer Hexen=
küche. Aber auf einmal tönte es dort unten in der höllischen
Tiefe, wie unterirdischer Donner; der ganze Berg schien zu
beben und zu zittern; dann folgte ein Brausen, wie das Brau=
sen aus tausend Wasserfällen, vermischt mit dem Sturmgeheul
eines Windes; dann knatterte es wie ein Gewehrfeuer aus
tausend Läufen. Und nun schlugen auf einmal Flammen aus
der Tiefe des Höllenrachens, schwefelgelbe, blendende Flammen
und ein glühender Steinhagel flog aufwärts bis zu dem oberen
Rande des Kraters. Die neue Feuererscheinung glich den Feuer=
kugeln und Raketen einer Girandole. Und nun wurde es
wieder still, und von Neuem begann dort unten das Rauschen
und das Brausen, unheimlich sonderbar, zuweilen von einem
Knattern unterbrochen, und die Wände und der Boden des
Kraters schimmerten wieder, wie Teppiche aus Schlangenhäuten
und aus bunt gefleckten Molchen.
Nun erstieg ich den obersten Gipfel des schwarzen Berg=
randes. Vor mir der Krater, und an den Abhängen des Berges
das schwarze Lavameer, was ich beim Aufsteigen durchritten

hatte, der blitzende Städtekranz, der den Golf umschlingt, und das im Glanz der Abendsonne schimmernde Meer. Die Sonne glich jetzt einem rothen Feuerball. Hinter Ischia drückte sie einen glühenden Kuß auf die smaragdene Fluth, da schwammen die grünen Inseln in röthlichem Duft, da erröthete der Golf und wie Goldschaum schlugen die Wellen an die bekränzten Gestade; da flammte der ganze Himmel in feuriger Gluth und die Fenster der Häuser und Paläste, welche an den grünen Höhen des Posilipp aufsteigen, bis zu dem einsamen Kloster der Camaldoliter auf seinem windumrauschten Gipfel, brannten, wie Millionen Feuerfunken. Dann barg sich die glühende Sonnenscheibe in die immer dunkler gefärbten Wellen und der Abend hüllte die grünen Inseln und die weißen Städte und die saphirne Fläche des Meeres in seinen einfarbigen, dunkeln Schattenmantel. Schnell entweicht der Tag im Süden und die Schatten der Nacht ziehen herauf mit der Eile des Windes. Das farbige poesievolle Seebild hatte sich in einen dunkeln Hintergrund verwandelt. Und wieder donnerte es in den Tiefen des Berges; wieder brauste es unten im Krater, wie Rauschen von Wasserfällen und wie Sturmgeheul, wieder hörte ich Kanonenschläge und Knattern von Gewehrfeuer; dann schlugen die Flammen hochauf aus dem glühenden Krater, dreimal, zehnmal, zwanzigmal, und schleuderten einen Hagel von rothen Steinen weit über mir hinaus in den dunkeln Nachthimmel. Bisher hatte ich das Feuerwerk nur bei Tage gesehen; nun erschien es auf dem dunkeln Hintergrunde in imposanter Schönheit, wie ein Springbrunnen, auf dessen feurigen Strahlen Tausende von feurigen Kugeln spielen und niederfallen. Lange stand ich im Anschauen der wunderbaren

Erscheinung versunken, einen neuen Feuerregen erwartend, als
der Führer zum Aufbruch mahnte. Am Feuer des Vesuv
wurde nun eine Fackel entzündet und bei ihrem Schein stieg
ich an der entgegengesetzten Seite des Berges, von wo ich ihn
erstiegen hatte, den Aschenkegel hinab. Von einem Wege war
natürlich keine Rede; bei jedem Schritt sank ich bis über die
Knöchel, oft bis zum Knie in die Asche. Kaum eine halbe
Stunde brauchte ich bis zum Fuß des Kegels, wo das Pferd,
gehalten von dem Knaben aus der Einsiedelei, mich erwartete.
Ich stieg in den Sattel; im Trabe, der Führer mit der bren=
nenden Fackel in der Hand, neben dem Pferde. Siegreich
ging ich aus einem neuen Kampfe mit dem Eremiten und
dem Führer, die das Verweilen und das Abendessen in der
Eremitage für eine unvermeidliche Nothwendigkeit erklärten,
hervor. Im Galopp ritt ich bis an den Rand des Lava=
meers. Mit einer außerordentlichen Sicherheit kletterte das
Pferd durch die Blöcke, über die Spalten und durch das
bröckelnde Gestein. Es war, als wenn das „buono cavallo"
jeden Tritt mit sicherem Hufe fühlte. Die Fackel war er=
loschen, links neben dem Lavameer glühten und brannten die
Spalten und Risse des Berges, wie kleine Krater. Eine
feurige Wolke umhüllte den Gipfel des Feuerberges und
verwandelte sich zuweilen in eine Feuersäule, welche am
dunkeln Nachthimmel aufstieg. Kaum blieb mir in Resina
die Zeit, Pferd und Führer zu bezahlen, weil ich den letzten
Eisenbahnzug nach Neapel nicht versäumen wollte. Eiligen
Laufes stürzte ich an dem alten Theater des verschütteten
Herculanum vorbei und erreichte noch glücklich eine Minute
vor der Abfahrt in Portici den nach Neapel abgehenden Zug.

Vierzehntes Kapitel.

Europa in Afrika.

Europa in Afrika! Wer auf einem französischen Dampfer von Marseille über das Mittelmeer fährt und im Hafen von Algier, der berüchtigten alten Piratenstadt, landet, wird unwillkürlich diese Worte ausrufen, wenn er auf den eisernen Treppen von riesigen Dimensionen, welche vom Kai zur Stadt hinaufführen, hinangestiegen ist und nun plötzlich auf einem breiten, vier= eckigen Platze steht, der ungefähr die Mitte des neuen Algier bildet und jeder europäischen Hauptstadt zur Zierde gereichen würde. Der Platz ist an drei Seiten von Arkaden= reihen umgeben, über denen sich nach drei Seiten hin hohe, prächtige Häuser von ganz moderner Bauart er= heben. Die vierte Seite begrenzt eine steinerne Balluftrade, über welche sich eine weite Aussicht auf Hafen und Meer öffnet. An der Westseite des Platzes Orangenbäume, eine hohe Palme und die glänzenden Spiegelscheiben eines Kaffeehauses nach Pariser Muster; ähnliche Kaffeehäuser unter den Arkaden; aber im Nordosten ein Bild aus Tausend und Einer Nacht, eine glänzend weiße Moschee, der funkelnde Halbmond über der gewölbten Kuppel, neben der Kuppel ein schlankes Minaret, von

dessen Gallerie der Muebdin die Söhne Mohammeds gerade
zum Gebete ruft. Und über den modernen Häusern im Hinter=
grunde des Platzes steigt das schneeweiße Amphitheater der
alten Piratenstadt an den grünen Abhängen des schö=
nen Küstengebirges in die Höhe, ein höchst sonderbares, fast
geisterhaftes Bild, eine kreideweiße, ineinanderfließende Häuser=
masse ohne Dächer und Fenster, nur hie und da von kleinen,
mit Eisenstäben vergitterten Fensterlöchern durchbrochen. Wie
ein kolossaler Kalksteinfelsen schaut diese weiße Häusermasse der
berüchtigten alten Piratenstadt aus, wie eine Gypssteingrube,
oder wie ein Gletscher in starker Sonnenbeleuchtung. Im
Süden erscheinen auf dem Gipfel des grünen Küstengebirges
hoch über den modernen Häuserlinien die Bastionen eines
Forts. Es ist das Kaiserfort, welches Kaiser Karl V. anlegte,
als er sich auf seinem Zuge gegen die Piratenstadt dort oben
festsetzte, und welches Hussein Dey gegen die Franzosen ver=
theidigte. Die Franzosen erstiegen seine Mauern erst, nachdem
die Türken sie in die Luft gesprengt hatten.

Das französische Algier, der von den Franzosen angelegte
Stadttheil, eigentlich nur aus drei Hauptstraßen bestehend, die
Straße Babazoun, die Straße Bab=El=Oued und die Marine=
straße, welche längs dem Meere hinlaufen und alle drei auf
dem prächtigen, viereckigen Platze, dem Regierungsplatze, mün=
den, zeigen in ihrer Architektur ganz die Physiognomie einer
modernen französischen Stadt. Den untern Theil der Häuser=
reihen nehmen, wie in der Pariser Rivolistraße, im italienischen
Styl angelegte Arkadenreihen ein. Unter den Arkaden elegante
Magazine mit allen möglichen Manufakturgegenständen, Gold=
sachen und Quincailleriewaaren, Kaffeehäuser mit großen Spie=

gelscheiben, Confiseurläden, Bilder- und Musikalienhandlungen, Barbierstuben und Weinschenken, Parfümerieläden und Buchhandlungen. Nach Osten hin durchschneidet die Straße Babazoun dann den Theaterplatz, ein Quartier neugebauter Häuser, unter ihnen das Theater, und läuft in mehrere strahlenförmig angelegte Straßen aus, welche den Charakter der Vorstädte französischer Provinzialstädte haben. Eine von ihnen, dem Marschall Bugeaud zu Ehren die Islystraße genannt, führt auf einen kleinen Platz, auf dem die eherne Statue des Siegers von Isly und der Smala steht, der Abdel-Kader gefangen nahm. Die Umgebungen des Platzes — des letzten Platzes am östlichen Ende der Stadt — sind ganz gewöhnlich, und bestehen aus nichts weniger als eleganten Häusern; nur an seiner einen Seite erhebt sich noch ein in schönen, architektonischen Formen aufgeführtes Gebäude. Es ist das Collège arabe-fraincais, eine Erziehungs- und Bildungsanstalt von Zöglingen maurischer Abkunft. Omnibusse, Fiaker und Eilwagen rasseln durch die Straßen; zwischen den Wagen Reiter in Civilanzügen und Uniformen, auf eleganten arabischen Pferden, Abtheilungen französischer Militairs von allen Waffengattungen, Spahis, Turcos und Zouaven in ihren malerischen Uniformen, Spaziergänger und Damen in modischen Anzügen — ein wahres Pariser Kleingemälde. Aber in diesem Pariser Kleingemälde treten bereits stark markirte, orientalische Farben auf. Hie und da maurisch-jüdische Bazars neben den modischen Magazinen, und in den engen Hauptstraßen hohe weiße Mohrenhäuser neben den noch höhern, modernen Bauten, zuweilen, wie in der mit der Straße Babazoun parallel laufenden Rue de Chartres, ein Palast von köstlicher, reicher, maurischer Architektur.

Noch weit sonderbarer wie diese, nur sporadisch auftretenden Häuserkontraste sind indeß in dem französischen Algier die Kontraste in der Bevölkerung, welche uns bei jedem Schritte begegnen. Das eine Drittel der sich auf dem Platze und in den Straßen bewegenden Menschenmasse trägt den Turban oder den Burnus, die Kapuze desselben über den kahlgeschorenen Kopf gezogen. Neger von der Goldküste von Guinea und aus Tombuktu mit stumpfen Gesichtszügen, mit krausem, schwarzem Wollenhaar, im sackartigen Hembe, Mauren, Türken und Juden in bunter, türkischer Tracht, vornehme Araber in faltigen, blendendweißen Gewändern, den Kopf mit weißem, auf die Achsel herabhängendem Tuche bedeckt, welches mit Kameelhaarschnüren umwunden ist, in weiten, bunten Beinkleidern, maurische Frauen in lange, weiße Schleier gehüllt, bewegen sich zwischen Abkömmlingen aller europäischen Nationalitäten, zwischen Franzosen, Engländern, Spaniern, Italienern, Deutschen und Maltesern. Alle Farbenmischungen und Schattirungen afrikanischer Raçen, vom ebenholzfarbigen Schwarz des Negers bis zum Mattgelb des Südländers. Europa in Afrika! Außer Kairo bietet wohl keine afrikanische Stadt diese europäischen und asiatischen Kontraste neben- und durcheinander, wie Algier, die berüchtigte Piratenstadt!

Aber wenn wir aus dem neuen Algier zur alten Piratenstadt hinansteigen, welche hinter diesen europäischen Straßen zum Gipfel des Sahel hinanklimmt, so sehen wir uns plötzlich ganz und gar nach Afrika versetzt. Gassen so eng, daß ihr Pflaster während des ganzen Jahres durch keinen Sonnenstrahl berührt wird; hohe, weißgetünchte Häuser ohne Fenster, nur hie und da eisenvergitterte, kleine Oeffnungen in den Wänden,

gewölbte Thüren mit maurischen Spitzbogen, von gewundenen
Säulen getragen, auf schrägen Balken ruhende Vorsprünge und
Erker, welche sich mit ihren Rändern berühren und über einen
Theil der Straße ein schützendes Dach bilden — so ist die
äußere Gestalt der Gassen und Gäßchen der alten Piratenstadt!
Da klettert man auf den Steinstufen einer finstern Gasse empor, und die Gasse will gar kein Ende nehmen; dann stößt
man plötzlich auf Schlupfwinkel oder geräth in ein Labyrinth
von Sackgassen, aus dem man sich gar nicht wieder herausfinden
kann. Die breiteste Straße der afrikanischen Stadt, die Cas-
bahstraße, mag eine Breite von zehn Schuh haben; die engste,
die sogenannte Teufelsstraße, ist kaum breiter als vier Schuh
und hat Stufen, welche einen Schuh hoch sind. Manche
Mauervorsprünge dieser weißen, stillen Häuser sind durch Bal-
kendecken und Steinwölbungen so miteinander verbunden, daß
sie Hallen bilden, in denen selbst um Mittag gänzliche Finster-
niß herrscht. In manchen Straßen besteht der untere, zur
Erde befindliche Stock der Häuser aus viereckigen Steingewöl-
ben, zu denen man von außen über hohe Steinstufen hinein-
steigt. Die Gewölbe sind mit allen erdenklichen Handelsartikeln
gefüllt, mit Gemüsen, mit Südfrüchten, mit Backwerk, mit
Töpfergeschirr, mit Spezereiwaaren. In der Tiefe sitzt hinter
seinen Vorräthen ein graubärtiger Maure, den weißen Turban
auf dem kurzgeschorenen Kopfe, eingehüllt in seinen weißen
Burnus, unbeweglich, wie ein Bild von Stein, auf die Straße
starrend und die Käufer erwartend. In andern Gewölben
arbeiten maurische Handwerker aller Art. Barbierbuden folgen
auf Restaurants, in denen ein halbes Dutzend Kochtöpfe über
eben soviel Feuerheerden brodeln. Die Gäste essen stehend,

ohne Gabel und Messer. Und mitten in diesen sonderbaren
Straßen klettern sonderbare Gestalten auf und nieder, Mohren,
Neger, Juden, Türken, Araber, Kabylen, in blauer Tunika, in
rothen bis zum Knie reichenden Pluderhofen, auf dem Kopf
den bunten Turban oder den rothen Fez. Wenn man bei
Nacht durch dies Straßengewirr hinauf- und hinabklettert,
wenn man sich in diesen engen Gäßchen verirrt, welche durch
Streiflichter mattbrennender Oellampen unheimlich genug erleuchtet werden; wenn man dann einen Thürriegel knarren
hört, und eine in weißen Burnus eingehüllte Gestalt die Steintreppe hinabsteigt und ein matter Lichtstrahl auf das finstere,
schwarzbärtige Gesicht fällt, in dem ein paar schwarze, heim-
tückische Augen blitzen, so kann man sich eines unheimlichen
Schauders nicht entschlagen. Oder man biegt um eine Ecke
und mitten im Wege, den Kopf auf der Treppenstufe eines
Hauses, liegt eine ganz in den weißen Burnus eingehüllte
Gestalt. Der Stein ist das Bett des Arabers, der dort schläft,
der Burnus ist seine Decke, der dunkelblaue Himmel mit seinen
funkelnden Sternbildern sein Zelt. Unwillkürlich denkt man:
Ich bin in Afrika. Diese Gasse, in der ich umherklettere, ist
eine Gasse der alten Piratenstadt, welche Jahrhunderte hindurch alle Meere und Küsten zwischen Afrika und Europa un-
sicher machte.

Algier beginnt seit zehn Jahren als Kurort und Winter-
Aufenthalt für Brustkranke und Lungenkranke immer mehr in
Aufnahme zu kommen. Ich würde Algier den Orten, welche
an der Riviera zu gleichem Zwecke von Kranken aufgesucht
werden, beispielsweise Mentone, Hyères, Nizza, Cannes, weit
vorziehen, weil das Klima in Algier weit milder ist und außer

Mentone sämmtliche an der Riviera belegene Kurorte den
Nordwinden ausgesetzt sind, deren Schärfe in Algier nicht mehr
zur Geltung kommen kann. Algier befindet sich in der afrikanischen Mittelmeer = Region, welche in ihrem physischen und
geologischen Charakter sowie in ihrem vegetabilen und anima=
lischen Leben nur eine Fortsetzung derselben Region auf der
gegenüberliegenden Küste des Meeres erscheint, welches Europa
von Afrika trennt. Die Vegetation Algiers hat die auffal=
lendste Aehnlichkeit mit der Vegetation des Languedoc und der
Provençe. Hier wie dort wachsen die Oliven, der Lorbeer, die
Orange, die Limonie, die Citrone, der Mandelbaum, der Feigen=
baum, die Myrthe, der Buchsbaum, die Kiefer von Aleppo,
die weiße Pappel, die Aloë und der Oleander. Aber der
afrikanischen Mittelmeerregion ist ein starker tropischer Charakter
aufgeprägt; deshalb ist ihr Klima wärmer, die Luft weicher,
als Luft und Klima der europäischen Mittelmeerregion; des=
halb findet man in Algier außer den Pflanzenarten der euro=
päischen Mittelmeerregion noch 372 Pflanzenarten, welche aus
dem Orient stammen oder Spezialitäten dieses Theils von
Afrika sind. Während das Klima von Algier gar wenig von
dem Klima von Kairo unterschieden ist, ist Algier viel leichter
und bequemer zu erreichen als Kairo, da die Reise von Mar=
seille nach Algier über das Mittelmeer nur einige fünfzig
Stunden in Anspruch nimmt und lange nicht so theuer ist,
wie die weite Reise von Triest nach Alexandrien. Mit einem
Aufwande von hundert Thalern kann der Reisende in zehn
Tagen sehr bequem die Reise von Berlin nach Algier zurück=
legen. Die Dampfschiffe, welche mehrmals in der Woche die
Verbindung zwischen Marseille und Algier unterhalten, nehmen

an Sicherheit und Comfort neben den Dampfern, welche das
Mittelmeer befahren, wohl einen ersten Rang ein. Einen
zweiten Vorzug hat Algier vor Kairo, der von Manchem, der
dort seinen Winteraufenthalt nehmen will, ebenfalls in Betracht gezogen werden möchte, ich meine den Vorzug der weit
größeren Wohlfeilheit des Lebens bei einem wohl noch größeren
Comfort. Das neue Algier ist in dieser Beziehung in Wirklichkeit Europa in Afrika; denn es bietet allen Comfort und
Bequemlichkeit einer großen, südfranzösischen Stadt, denselben
Comfort wie Nizza, Cannes, Mentone, Hyéres, aber ebenfalls
zu weit geringeren Preisen. Der Pensionspreis in den ganz
vortrefflich und prächtig eingerichteten drei am Regierungsplatz
belegenen Gasthöfen beträgt nur acht bis zwölf Franken, je
nachdem man ein oder zwei Zimmer hat und sich die einzelnen
Schüsseln der Dejeuners und Diners selbst auswählt oder
feinere Weine trinken will. In dem nicht am Platze, aber
ganz in der Nähe desselben belegenen Hotel de Paris, ebenfalls ein Hotel erster Klasse, beträgt der tägliche Pensionspreis
für ein Zimmer, Dejeuner und Diner nur fünf Franken,
während die Dejeuners und Diners reichlich eben so gut sind,
wie im Hotel de la Regénce und im Hotel de l'Orient. Es ist
ordentlich wohlthuend, ein gutes und zugleich billiges Hotel in
Afrika zu empfehlen, wenn man sich der bodenlosen und frechen
Prellereien erinnert, durch welche sich in den letzten Jahren
europäische Gastwirthe — sogenannte Gasthofsbesitzer erster
Klasse, man sollte sie Gastwirthe letzter Klasse nennen —
hervorgethan haben. Alle am Regierungsplatz belegenen Kaffeehäuser sind prächtig eingerichtet, und stehen den Pariser, Lyoner
und Marseiller Kaffeehäusern nicht nach. Nach allen Rich-

tungen fahren von Algier in die Umgegend gutgehaltene Om=
nibusse; die Preise der Fiaker sind gering; die Vorstellungen
im Theater am Platze Bresson genügen freilich nur sehr mä=
ßigen Ansprüchen.

Die Spaziergänge durch die nächsten Umgebungen der
alten Piratenstadt bieten dem Auge eine Reihe entzückender
Landschaftsbilder, prächtige Aussichtspunkte im Rahmen des
wundervoll kolorirten Spiegels des mittelländischen Meeres,
während die üppigste Vegetation aller tropischen Gewächse eine
ebenso reiche wie tropische Staffage bildet. Die durch die
Gärten und Landhäuser von Mustafa zu den Dörfern Birka=
dem und Birmandrais führende Straße steht dem Posilipp bei
Neapel an Schönheit, Abwechselung, Aussichtspunkten, Staffage
und großartiger Dekoration nicht nach. Der Sahel bietet mit
seinen Anlagen, Landhäusern und Aussichtspunkten selbst dem
verwöhntesten Touristen eine lange Reihe immer wechselnder,
prächtiger Landschaftsbilder, während die Rundsicht vom Bou=
zariaberge alle diese einzelnen Punkte zu einem großen, mit
den farbenstrahlendsten Tinten des Orients geschmückten Pano=
rama unvergleichlicher Schönheit zusammenfaßt. Immer ver=
schiedener gruppiren sich diese Bilder, wenn man nach El Biar,
nach Cap Matifou oder nach Sidi Ferruch hinansteigt, oder
wenn man am Gestade des Meeres entlang nach dem Ver=
suchsgarten (jardain d'essai) oder nach Couba oder nach Frais=
Vallon geht, und eine Eisenbahn verbindet Blidah, „die Rose
des Atlas", mit ihren wunderbaren Orangenhainen, Citronen=
gärten und Limonienwäldern mit Algier. In der That, die
Natur scheint die Absicht gehabt zu haben, alle Schönheit und

alle Reize der Küsten der Provence nochmals an der andern Seite des mittelländischen Meeres zu wiederholen, nur mit dem Unterschiede, daß die heiße und glühende Sonne von Afrika der Küste von Algier den tropischen Charakter aufgeprägt hat.*)

---

*) Alle Spezialitäten über Algier sind zu finden in: „Nach den Oasen von Siban in der großen Wüste Sahara" von Gustav Raich. Berlin 1866, und in: „Itinéraire de l'Algérie par Louis Piesse. Paris 1862.

Funfzehntes Kapitel.

Ein Ritt durch die Wüste Sahara.

Ich war seit einigen Tagen nach der prächtigen Palmen-Oase Biscara, welche zur Gruppe des Ziban gehört, zurück-gekehrt. Obschon wir uns erst in der zweiten Hälfte des Mo-nats April befanden, herrschte bereits in der Wüste Sahara eine fast unerträgliche Hitze. Der Athem des Südwindes wehte mich zuweilen an wie der Odem eines feurigen Ofens, und ein schwefelsarbener Duft schien mir Abends auf dem endlosen Sandmeere zu ruhen, wenn die untergehende Abend-sonne dasselbe mit ihren rothen Strahlen berührte. Auch war es die Zeit, wo die giftigen Skorpione aus dem Winterschlafe zu erwachen anfangen und aus den Ritzen und Spalten des Bodens an die Oberfläche kriechen, und ich hatte gar keine Lust, an mir selbst zu erproben, wie weit ihr Stich meiner Indivi-dualität gefährlich sei. Ich beschloß, die Wüste Sahara zu verlassen und mit dem in acht Tagen von Stora abgehenden Messageriedampfer über das mittelländische Meer nach Europa zurückzukehren.

Auch die Palmenwälder verlieren bei einer Hitze von einigen vierzig Grad Réaumur ihre Poesie, und schließlich sieht ein Araberdorf aus wie das andere. Wie oft wiederholte ich lachend die Worte des Marschalls St. Arnaud, die er aus dem Lager von Koubla an seinen Bruder nach Frankreich schrieb: „Ich sehe alle Tage Abraham, Isaak und Jakob." Ich empfahl mich bei dem Kommandanten des Zirkels von Biscara, dem Eskadronchef Forgemol; der brave Wirth des Karavanserails, welches zuweilen vornehmer Weise von den französischen Offizieren das „Hôtel du Sahara" genannt wurde, machte mir meine letzte billige Rechnung, und am andern Morgen stieg ich um sieben Uhr vor der Thüre, des Karavanserails zu Pferde, um noch am Abend im Karavanserail von El Kantara jenseits des „Mundes der Wüste", des „Foum-es-Sahara", einzutreffen und mit der am andern Morgen abgehenden Wüstenpost, welche die französische Militair-Verwaltung seit einem Jahre zwischen Biscara und Batna, der Subdivisionshauptstadt auf der Hochplateauregion des Atlas, eingerichtet hatte, durch die afrikanische Steppe oder durch den „Tell" zu fahren, um den arabischen Ausdruck zu gebrauchen. Ein Spahi begleitete mich auf Befehl des Kommandanten. Er sollte mein Pferd mit sich nach Biscara zurückführen. Nochmals reichten mir der brave Beauguignon und seine dicke Frau, die Inhaber des „Hôtel du Sahara", die Hände zum Abschiede und im Galopp ging's über den weiten Platz, wo die Kameele lagern und die Hunde vor den niedrigen, bunten Araberzelten kläffen, durch die langweiligen Straßen der französischen Militairstadt Biscara, welche halb afrikanisch, halb europäisch aussehen, in die Wüste hinein. Ich athmete auf. Es sollte mein letzter Tag in der Wüste sein. Die Sahara schien mir heute zu brennen. Noch am Abend sollte ich den frischen Nordostwind

der Steppe einathmen, und nach acht Tagen schwamm ich, wenn
Alles gut ging, wieder auf den blauen Wogen des mittelländischen Meeres, um die orangenduftenden und lorbeergeschmück-
ten Gestade der Riviera zu durchfahren. Ich war Afrika's
herzlich satt und müde.

Noch einmal blickte ich mich um. Dann entschwand der
Palmenwald hinter einem Sandberge und im Schritt ging's
nun hinein in die saharische Steppe, welche sich von Biscara
bis zum Hügel von „Sfa" ausdehnt. Der Boden dieses Theils
der Wüste besteht aus einer Mischung von Sand und Lehm
oder Gyps, untermischt mit Strecken fliegenden Sandes, hie
und da mit Strömen von Kieseln und Geröll bedeckt, an deren
abgeschliffenen und gerippten Rändern man ganz deutlich erkennen kann, daß sie durch Wasserfluten fortgerollt worden sind.
Wann dies geschah und wo die eigentliche Bergheimath dieser
runden, in allen Nuancen des Weiß und Roth spielenden Kiesel
ist, wer vermag es zu bestimmen? Heute ruhen sie an den
Rändern des großen Bassins, welches die Wüste bildet, und
wahrscheinlich selbst einst ein großes Meeresbecken war, wie
das Mittelmeer, welches zwischen Europa und Afrika fließt.
Der größte Theil der saharischen Steppe ist mit Stauden und
Sträuchern bewachsen, welche zu der Familie der Salsolaceen
oder Küstenpflanzen gehören, die nur auf einem Boden fortkommen, der einen gewissen Antheil Seesalz enthält. Sie haben
fleischige und holzige Blätter, welche die Kameele und Hammel-
heerden abweiden, die deshalb von den Arabern vielfach in
diesen Theil der Wüste getrieben werden. Die saharische Steppe
ist nicht unbewohnt. Eine aschfarbene Lerche flattert zuweilen
von Strauch zu Strauch, ein Raubvogel steigt plötzlich aus

dem Gebüſch auf und ſchwingt ſich hoch in den blauen Aether,
um ſich eine Beute zu erſpähen, ein Haſe ſpringt dann und
wann vor den Hufen des Pferdes auf, oder eine Gazelle, auch
ein Strauß eilt weiter; Kameele und Hammel erſcheinen wei-
dend zwiſchen dem Halphagras, und ein bellender Hund macht
den Reiſenden aufmerkſam, daß er ſich in der Nähe einiger
niedriger, von dunkelfarbigen oder geſtreiften Teppichen gebildeten Araberzelten befindet, welche er gar nicht einmal bemerkt
hat. Dumpf hallten die Hufſchläge unſerer Pferde auf dem
oft wie ein feſtgeſtampfter Eſtrich auftretenden Boden nieder;
aber die Steppe der Sahara erſchien heute einſam, öde und ſtill.
Nur das ſonderbare Grunzen der Kameele unterbrach zuweilen
dieſe ſchweigende Einſamkeit; einige Male flog ein Vogel vorüber — das war Alles; die Strauße und Gazellen haben ein
außerordentliches Witterungsvermögen und verſchwinden, ſowie
ein lebendiges Weſen ihrem Verſtecke naht. Wir mochten ungefähr eine Stunde geritten ſein, dann zog ſich der Weg zu
einem Hügel von mäßigen Dimenſionen hinauf. Es war der
Hügel von Sfa. Von ſeiner Höhe überblickt man die Wüſte.
Ich wendete, als wir oben angekommen waren, mein Pferd
um, um noch einmal das Sandmeer zu überblicken, und wieder
mußte ich mir ſagen, wie treffend der Ausdruck des Ptolemäus
ſei, wenn er das Bild der Wüſte mit einem Pantherfell ver-
gleicht. In gelblichrother Färbung dehnte ſich die Sahara
vor mir aus, eine unüberſehbare Sandfläche, welche da, wo
ſie mit ihren Rändern den Horizont berührte, einen bläulichen
Ton annahm. Wie ſchwarze Flecken erſchienen auf dieſem röth-
lichgelben Grunde die dunkelgrünen Palmenkronen der Oaſen.
Zuweilen ſchien es mir, als wenn in weiter Ferne, beſonders

da, wo blaute Tinten in die gelben Töne hineinspielten, eine
Bewegung in der ungeheuren Sandfläche eintrete, und dann
glaubte auch ich, wie es so manchem Reisenden schon ergangen
ist, am Horizont das Meer zu erblicken. „Das Meer, das
Meer!" riefen die Soldaten der Kolonne, welche der Herzog
von Aumale im Jahre 1844 zum ersten Male nach dem Siban
führte, als sie den Hügel von Sfa erstiegen hatten und nun
das Land der Palmen, der Strauße und Kameele, das alte
Gätulien der Römer, sich vor ihren verwunderten Blicken aufrollte. Oben über mir auf einem Felsenvorsprung schauten
die Ruinen eines alten Türkenforts hinab; farbige Blumen
nickten hie und da im Morgenwinde in den Rissen und Spalten des Gesteins; der Himmel war heute von einem tiefen,
sonnenfunkelnden Blau — noch einen Blick auf die Sahara,
über deren endlosen Fernen heute wieder ein schwefelfarbener
Duft zu wehen schien, und nun ging's im Trabe abwärts in
die monotone Ebene, die sich bis zu den Höhenzügen der
Auresgebirge und des Dschebel - Sultan ausdehnt, welche die
afrikanische Steppe oder den „Tell" von der Sahara scheiden.

Die Ebene, welche ich nun durchritt, bestand aus einem
fast nackten Bergkessel von mehrstündigem Durchmesser. Das
Terrain hatte dieselben Bestandtheile, wie der Theil der Steppe,
den ich von Biscara bis nach dem Hügel von Sfa erstiegen
hatte. Der Wed-el-Kantara, den die Araber nach der letzten
Oase, welche er berührt, hier Wed-el-Wasa nennen, strömte in
mehreren breiten Windungen durch die mit Kieseln, Steinmuren und hie und da mit Halphagras bedeckte Ebene. An
den Ufern des Flusses — es war der Wed-el-Kantara, der in
den Schluchten des Auresgebirges entspringt, sich mit den von

den Höhenzügen von Batna kommenden Wed-Kſur vereinigt
und dann durch den Mund der Wüſte in die Sahara fließt
— zeigten ſich mit Unterbrechungen Kornfelder, deren friſches
Grün der einzige Farbenton in dieſem grau in grau gemalten
Landſchaftsgemälde war. Die Straße, eigentlich nur ein breiter,
nicht chauſſirter Feldweg, von dem ſich hundert Nebenwege
abzweigen, zog ſich meiſtentheils in der Nähe des Fluſſes hin.
Bei eintretendem Regenwetter muß ein Wagen hier bis an
die Achſe in den Lehm und in den Sand verſinken und auch
zu Pferde kaum fortzukommen ſein. Es war eben eine Straße
in der Wüſte, welche von der franzöſiſchen Armee mit großen
Mühen und Schwierigkeiten angelegt worden iſt. Zweimal
mußte ich mit meinem Begleiter den Fluß durchreiten. Von
einer Brücke war natürlich keine Rede. Nach Norden hin
wurde die Ausſicht jetzt pittoresk. Da ſtieg in langer Linie in
nord-nordöſtlicher Richtung in der Ferne eine gezackte und zer-
klüftete Maſſe, ein berühmtes Gebirge, in die Ebene hinab, es
war der Dſchebel-Aures, in deſſen Thälern und Schluchten
tapfere und rauhe Araberſtämme wohnen — neben dem
Dſchurdſchura das höchſte und bedeutendſte Gebirge Algeriens.
In nord-nordweſtlicher Richtung dehnten ſich die Höhen von
von Wed-Sultan aus, an deren kahlen und abgeſchurrten Abhängen ich kürzlich tagelang hinabgeritten war. Um Mittag
hielten wir vor dem mir wohlbekannten Karavanſerail von El-
Utaja. Es iſt, wie die meiſten Karavanſerails in der Steppe
und in der Wüſte, ringsum mit einer mit Schießſcharten ver-
ſehenen hohen Mauer umgeben; ein Thor von ſtarken Bohlen,
deſſen Zugang ebenfalls durch die Schießſcharten der Mauer
mit Gewehrfeuer beſtrichen werden kann, führt in einen weiten

innern Hof, an dessen Seiten sich die Ställe, die Vorraths=
magazine und die Wohnungen für den Wirth und seine Leute
und für die Reisenden befinden. Die Karavanserails, welche
man an den die Steppe und Wüste führenden strategischen
Linien findet, sind sämmtlich von der französischen Regierung
angelegt und werden gut verproviantirt. Der Inhaber ist
gewöhnlich ein alter Soldat, der hier sich von seinen fünfund=
zwanzig harten Dienstjahren in Afrika ausruht, seine Pension
verzehrt, daneben Landwirthschaft treibt, die Reisenden bewirthet
und sich mit den Araberschwärmen umherschlägt, falls es den=
selben einmal beikommt, in dunkler Nacht über das Karavan=
serail herzufallen und auszuplündern. Wenn man die Erzäh=
lungen der in Afrika stationirten französischen Offiziere hört
und wenn man die Gerichtsverhandlungen in den algerischen
Blättern liest, so müssen dergleichen Anfälle nicht selten vor=
kommen, und die Araber gehen, falls es ihnen gelingt, die
Bewohner des Karavanserails zu überwältigen, mit ihnen und
ihren Frauen und Kindern gerade nicht sehr säuberlich um.
Sie stehlen die Kinder, schlagen die Männer todt und behan=
deln die Frauen in einer Weise, daß ich es nicht gut nieder=
schreiben kann. Das Reisen in der Wüste ist also gar nicht
so gefahrlos, wie es manche Reisende zu schildern belieben,
welche zufällig keine unangenehmen Rencontres mit dem sich
zwischen den Oasen herumtreibenden Gesindel gehabt haben.

Als Sitz dicht am Thorwege des Karavanserails von El
Utaja, welches so viel wie „kleine Ebene" bedeutet, ist ein
großer Quaderstein eingemauert, der noch aus der Römerzeit
stammt. Er ist ein Meter lang und hat eine Dicke von dreißig
Centimetern. Auf dem Steine befindet sich eine Inschrift in

großen römischen Buchstaben, welche die Anwesenheit eines großen römischen Amphitheaters bezeugt. Dr. Guyon fand diesen Stein an einer andern Stelle. „Aus dem Dorfe kommend," — er meint das ganz in der Nähe des Karavanserails befindliche Araberdorf — schreibt Dr. Guyon, „besuchten wir die Umgegend bis nahe an den Fluß, der in großen Krümmungen zwischen El Utaja und Dschebel-Melh fließt. Einen ziemlich schnellen Bach entlang, der sich in jenen Fluß ergießt, gelangten wir an eine kleine Mühle, die er bewegt und vor der wir eine große Inschrift fanden, umgestürzt und vom Wasser bespült . . . Der Stein war senkrecht auf dem rechten Ufer des Baches placirt und gehörte zu einer kleinen Schleuse; sein oberer Theil war mehr oder weniger mit Schlamm bedeckt, was uns nicht gestattete, seine Höhe zu schätzen."*)

Mag nun das große Amphitheater hier, oder, wie Dr. Guyon meint, eine halbe Stunde nördlich von El Utaja in der Nähe der Thermalquellen Hammann Sdi-el-Habsch gestanden haben, jedenfalls ist es ein Beweis dafür, wie groß El Utaja zur Zeit der Römer gewesen ist und welch' starke Bevölkerung dort gewohnt haben muß, denn wo ein großes Amphitheater gestanden hat, da müssen auch Zuschauer vorhanden gewesen sein. Nun ist auch jede Spur des Amphitheaters verschwunden — wieder ein Beweis, wie der Orient das Zerstören versteht — nur der große Römerstein mit seiner Inschrift ist als einziger Zeuge einer so mächtigen und glanzvollen Vergangen-

*) S. Reise in das Innere von Algerien durch die Kabylie und Sahara. Von Dr. Max Hirsch. Berlin, 1862. Verlag von Max Hirsch.

heit übrig geblieben. Nicht ohne Wehmuth konnte ich den großen Stein betrachten, dann befahl ich dem Spahi, mir ein Frühstück zu bestellen, und schlug den Weg nach dem Araberdorfe ein, dessen Häuser ich ganz in der Nähe zwischen Palmen und Gebüsch erblickte.

Die Oase bot einen recht freundlichen Anblick. Das frische helle Grün der Kornfelder und die dunkleren Farbentinten der Granaten und Feigenbäume in den Gärten thal meinem Auge, nachdem ich den ganzen Morgen durch die öde Wüste geritten war, recht wohl. Wasser und Klima sind in El Utaja der Vegetation ganz besonders förderlich. Aber die Oase leidet noch an den Folgen eines schweren Schicksalsschlages, der sie vor kaum fünfunddreißig Jahren traf und von dem sie sich trotz aller Bemühungen der Franzosen noch nicht wieder erholen kann. Zur selben Zeit, wo die französischen Kanonen zum ersten Male vor der alten Piratenstadt Algier donnerten und der Seeräuberei auf dem mittelländischen Meere endlich ein Ende machten — die einzige That rühmlichen Andenkens, wodurch sich die Regierung des letzten Bourbonen in Frankreich ausgezeichnet hat — wüthete in der Sahara der Bürgerkrieg. Salah Bey, der bekannte Statthalter von Constantine, der auf seinem Zuge durch die Wüste zu den Oasen der Tuggurtstämme auch die arabische Oasenstadt Biscara mit Feuer und Schwert von der Erde vertilgte, verwüstete auch die Oase El Utaja, wahrscheinlich nur deshalb, weil sie ihm die Steuern verweigerte. Wahnsinnigerweise — sonst war Salah-Bey ein organisatorisches Talent, Constantine verdankt ihm außerordentlich viel — ließ er auch sämmtliche Dattelpalmen niederhauen und beraubte die Einwohner dadurch ihrer Existenz. Nur eine

einzige Dattelpalme ließ er stehen, um die Bewohner immer
an ihr Verbrechen und an ihre Strafe zu erinnern. Es war
eben eine türkische Justiz. Heutigen Tages benehmen sich die
Könige und Fürsten bei Steuerverweigerungen doch gescheidter,
oder vielmehr die Völker würden sich eine solche türkische Justiz
nicht gefallen lassen und mit Barrikaden und Flintenschüssen
darauf antworten, obschon kaum mehr als Dreiviertel eines
Jahrhunderts verflossen sind, als der allerchristlichste König von
Frankreich in deutschen Ländern ähnliche nichtswürdige Streiche
beging. Genug, die arme Oase hat sich von der türkischen
Justiz Salah-Bey's noch nicht wieder erholen können, und die
Bewohner ernähren sich größtentheils von dem Ertrage der
Kornfelder und von dem Handel mit Steinsalz, welches ein
benachbarter Salzberg darbietet, da die von den Franzosen neu
angepflanzten Dattelpalmen noch kein großes Erträgniß an
Früchten liefern können, weil sie noch zu jung sind. In
zwanzig Jahren, besonders wenn der bekannte Herr Dolfus
mit seinem Bewässerungssystem zu Stande kommt, wird die
Oase einen reicheren Anblick bieten.

Das Araberdorf war mit seinen Aeckern, Gärten und
Bäumen, wie das auf mancher Oase Sitte ist, ringsum von
einer Mauer von ungebrannten Ziegeln eingeschlossen; auch
die einzelnen Grundstücke innerhalb des Dorfes waren in derselben unschönen Weise abgetheilt. Während die ersten Häuser,
welche ich auf meinem Spaziergange berührte, vereinzelt zwischen
den Gärten standen, gruppirten sie sich nachher zu einer
Straße welche in das Innere des Dorfes und zu dem Platze
führte, auf dem die Moschee erbaut war. Alle Häuser waren
von ungebrannten Ziegeln und hatten terrassenförmige Dächer,

von deren Höhe mich die Hunde anbellten und das Vieh an-
blökte. Die arabischen Frauen benutzen das platte Dach des
Hauses, um sich Abends zu ergehen und frische Luft zu schöpfen;
die Benutzung dieses Raumes zum Viehstall war mir aber
neu. Die Bauart der Häuser war von der Bauart anderer
Dörfer, welche ich auf den Oasen in der Wüste besucht hatte,
in nichts unterschieden; sie waren, wie gewöhnlich, ohne Fenster
nach der Straße und im Allgemeinem von ärmlichem Aussehen.
Im Innern derselben sah es nicht besser aus. Der untere
Theil der Wohnungen schien mir in drei Räume getheilt zu
sein, deren Boden Palmenmatten bedeckten, welche aber sonst
fast ohne alle Geräthschaften waren und ein schmutziges Aussehen hatten. Ein großer Theil der Bevölkerung des Dorfes
schien sich bereits auf der Straße zu befinden, und wer noch
nicht da war, der wurde durch meinen Besuch aus dem Hause
gelockt. Die Männer, in den gewöhnlichen landesüblichen
Burnus gekleidet, die nackten Füße in den weit ausgeschnittenen
Schuhen, das weiße, in den Nacken hinabhängende Tuch mit
Kameelhaarschnüren umwunden, lagen entweder in süßem Nichtsthun im Schatten oder trieben sich plaudernd und rauchend,
natürlich ohne jede Beschäftigung, umher, und die Kinder krab-
belten zu Dutzenden vor der Hausthür im Sande, meistens
nur mit einem Hemde, oft auch gar nicht bekleidet. Auch die
Frauen kamen zum Vorschein, verschwanden aber bald wieder,
nachdem sie mich eine Zeitlang angegafft hatten. Sie waren
sämmtlich ohne Schleier, während ich in den Städten außerhalb der Wüste niemals eine unverschleierte Frau auf der
Straße gesehen habe, hatten das Haar in dichten Flechten und
Zöpfen, welche mit rothen und blauen wollenen Bändern durch-

flochten waren, um den Kopf gebunden und trugen lange, bis
auf die Füße hinabreichende Kleider von bunten und farbigen
Stoffen. Ihre meistens schön und kräftig geformten, nackten
Arme waren mit silbernen und goldenen, zuweilen mit bunten
Steinen geschmückten Spangen und Bändern geziert, die Nägel
und oft auch die ersten Glieder der Finger waren mittelst
Henna gelb gefärbt, zuweilen waren auch die Arme an meh-
reren Stellen mit blauer Farbe tätowirt. In den Ohren
trugen sie goldene und silberne Ohrringe von enormer Größe,
der Hals war häufig mit Perlenschnüren geschmückt, an deren
Enden Goldmünzen befestigt waren. Manche hatten ein rothes
Tuch turbanartig um den Kopf gewunden, und auch an dieser
Kopfbedeckung waren hie und da kleine Goldmünzen befestigt.
Selbst die kleinen Mädchen, welche auf der Erde umhertrabbel-
ten, trugen silberne und goldene Spangen und Bänder über
dem Handgelenk und oberhalb der Knöchel an den nackten
Beinen, wenn sie auch sonst nur mit einem Hemde bekleidet
waren. Aber waren sie hübsch, diese mit goldenen und silbernen
Spangen aufgeputzten arabischen Frauen und Mädchen? werden
meine Leserinnen fragen. Ich muß die Frage für El Utaja
durchaus mit Nein beantworten. Von gelblich braunem Kolorit, hatten die Gesichtszüge einen harten Charakter. Lieblich-
keit und Anmuth habe ich auf den Gesichtern arabischer Mädchen nur in ganz jugendlichem Alter gesehen. Bereits im
zwanzigsten Jahre nehmen die Züge einen harten Ton an, der
dem Gesichte einen weit älteren Ausdruck verleiht, als wie dasselbe in diesem jugendlichen Alter zeigen sollte. Fast alle Frauen
zeichneten sich aber durch sehr schöne Zähne aus. Die Augen
waren dunkel, wenn auch nicht schön geformt, die Ohren ziem-

lich groß, die Hände klein und schön. Mag sein, daß das Gesicht der Araberfrau auf dem Lande auch deshalb früh harte Züge annimmt, weil sie viel und schwer arbeitet und ihre Zeit nicht mit süßem Nichtsthun verbringt, wie die Frauen und Töchter der Mauren in den Städten; in den Städten hat man zu selten Gelegenheit, arabische Frauen und Mädchen unverschleiert zu sehen, um darüber richtig urtheilen zu können — genug, ich habe in El Utaja kein schönes und liebliches weibliches Gesicht gesehen. Die Männer versuchte ich mehrmals in französischer Sprache anzureden, erhielt indeß immer die Antwort: „ma kasch" — „Nein! Nichts!" — bis ich endlich in der Nähe der Moschee einen jungen Burschen, anscheinend von achtzehn bis zwanzig Jahren traf, der einige Worte französisch sprach. Er fragte mich, ob ich „Inglese" sei? Bei der arabischen Bevölkerung in der Wüste scheint der Begriff des Engländers und des Reisenden vollkommen identisch zu sein. Ich habe immer nur das Wort „Inglese" gehört, wenn ich durch die Araberdörfer ritt. Ich bejahte die Frage des Arabers, weil es doch schwer möglich gewesen wäre, ihm einen Begriff von der Lage und Oertlichkeit meines deutschen Vaterlandes beizubringen. Er nannte sich nun selbst meinen „bon camarade" und verließ mich nicht wieder, so lange ich im Dorfe umherspazierte. Ich gab ihm Cigarren, vertheilte unter die Kinder einige Franken in Sous- und Centimestücken und hatte auf diese Weise bald die ganze jugendliche Bevölkerung hinter mir. Als ich den Kindern nun meine kleine goldene Uhr zeigte, war die Freude groß. Ueberall traten die Kinder zu mir heran und verlangten mit den Worten „kif, kif" (noch einmal, dasselbe) von Neuem die Uhr zu sehen.

Unter ihnen bemerkte ich sehr viele mit strophulösen Gesichtern
und krankhaften Augen. Dann führten sie mir einen hübschen,
in einen reinlichen, weiß und blau gestreiften Burnus geklei=
deten Knaben zu, den mir mein „bon camarade" als Sohn
des Scheits präsentirten. Der Kleine war das Einzige unter
den Kindern, dessen Füße mit weißen Socken und buntverzierten
schwarzen Schuhen bekleidet waren, während alle übrigen Kin=
der mit nackten Beinen umherliefen. „Le petit chef", wie
ihn mein „bon camarade" nannte, hatte eine ganz besondere
Freude über „kif, kif" und verlangte immer wieder von Neuem
die Uhr zu sehen. Er wurde offenbar von den andern Kin=
dern mit Rücksicht behandelt, sie ließen ihn immer vortreten,
wenn er die Uhr sehen wollte. Ich verlangte zu dem Vater
des „petit chef" geführt zu werden; derselbe war aber leider
verreist. Die Moschee war ein unschönes, ebenfalls von un=
gebrannten Ziegeln aufgeführtes Gebäude. Sie bestand aus
zwei Abtheilungen, welche durch Säulen von einander getrennt
waren. Auf dem mit Palmmatten bedeckten Boden knieten
einige schrecklich häßlich aussehende alte Weiber mit grauen
Haaren und murmelten Gebete. Auf dem Minaret funkelte
der Halbmond in den Strahlen der Mittagssonne, welche
gerade über mir stand. Sie mahnte mich, meinen Besuch in
dem Araberdorfe ein Ende zu machen und meine Reise durch
die Wüste fortzusetzen. Die Entfernung von Biscara bis nach
dem Karavanserail von El Kantara beträgt 53 Kilometer und
ich hatte noch nicht die Hälfte dieser Strecke zurückgelegt. So
vertheilte ich unter die Kinder den Rest meiner Kupfermünze,
schenkte dem „bon camarade", der mich bis zum Ausgange
des Dorfes begleitete, noch einige Cigarren und ging über die

Felber nach dem Karavanserail zurück, wo mein Dejeuner gerade fertig geworden war.

Als Dr. Guyon El Utaja im Jahre 1841 besuchte, bestand das Karavanserail noch nicht. Er mußte sein Zelt in einem Garten mit Feigen und Granatbäumen vor dem Dorfe aufschlagen. Dr. Max Hirsch, der im Jahre 1855 Algerien bereiste, beklagt sich über die ärmliche Einrichtung des Karavanserails und über die arabische Zubereitung und geringe Reinlichkeit des Diners, welches ihm in der kleinen und niedrigen Gaststube vorgesetzt wurde, obschon er dafür den Preis des besten Pariser Restaurants bezahlen mußte. Nun, die Stühle und Tische waren noch von rohem Holze gearbeitet wie damals, aber das Dejeuner in dem Karavanserail El Utaja, wenn es auch mit dem Kaffee drei und einen halben Franken kostete, hatte sich während dieser Zeit gebessert. Es gab sogar Rebhuhnpastete, Sardinen und Salami, dem eine ganze Reihe recht gut zubereiteter Schüsseln folgte. Zum Nachtisch wollte mir der mich bedienende Garçon durchaus ein Stückchen Salz aus dem nahen Salzberge als eine Merkwürdigkeit für den Preis von fünf Franken verkaufen. Nur durch ein zweites Trinkgeld wurde es mir möglich, mich seinen Handelsspekulationen zu entziehen. Um zwei Uhr stieg ich mit meinem Spahi zu Pferde, und nach wenigen Minuten lag das gastliche Karavanserail weit hinter uns, vor uns wieder „der Oede glühender Sand", die Sahara in ihrer „brandigen Wittwentracht."

Links erhoben sich die Höhenzüge des Djebel-Rarribou, auch Djebel-el-Melah oder der Salzberg genannt. Seine Schichten bestehen aus Mergel, grauem Gyps und Steinsalz. Mit dem Steinsalz treiben die Bewohner von El Utaja einen nicht unwedeutenden Handel auf den Märkten in der Steppe und auf den Oasen von Siban. Sie gewinnen es in der leichtesten Weise, indem sie bei dem Beginne des Frühlings nichts weiter zu thun haben, als die großen Blöcke, welche die Winterregen losgelöst haben, in kleinere Stücke zu zerschlagen. Der Boden, auf dem wir im Trab und Galopp hinritten, war hie und da mit weiten Kiesellagern bedeckt. Die Kiesel hatten eine runde, abgeschliffene Form, als wenn sie von den Wellen gerollt worden wären. Unter den Kieseln lagen hie und da versteinerte Kammmuscheln und Austern. Die Beweise, daß die Sahara einst ein Meeresboden war, treten für den Beobachter überall hervor. Die artesischen Brunnen, welche in der Sahara gebohrt worden sind, haben meines Wissens auch meist immer salziges Wasser zum Vorschein gebracht. Das Wüstenbild, welches sich rings um mich bis zu den Höhen des Auresgebirges und des Dschebel-Sultan ausbreitete, war wiederum grau in grau gemalt. Eine dürftige Vegetation trat zuweilen an den Ufern des Flusses auf, sonst war die Ebene nackt und kahl, von tiefen Erdrissen durchfurcht, mit Sandbergen, welche zuweilen eine spitze, zuweilen eine viereckige und kantige Form hatten, und an deren steilen Abhängen selbst das Halphagras nicht mehr fortkommen konnte. Dreimal durchritten wir wiederum den Fluß, dessen Bett übrigens ziemlich seicht war. Die Straße glich einem breiten Feldwege mit unzähligen Gleisen. Stücke von Gerippen von Kameelen und Eseln bezeichneten die Heerstraße der Karavanen. Dann kamen wir in der Nähe der Thermen der Wasser des Herkules vorüber. Die heißen Quellen entspringen am Fuße des Dschebel-Khroubset und werden in einem Becken von vier bis fünf Fuß Tiefe aufgefangen. Sie haben einen schwefelleberartigen Geruch und einen stark hervortretenden salzigen Geschmack; ihre Temperatur steigt in dem Bassin bis zu 41 Grad Reaumur. Gegen fünf Uhr begann der Weg an den Ausläufern des Auresgebirges langsam hinanzusteigen. Jetzt konnte ich ihre Formen, die ich bisher nur aus der Ferne gesehen hatte, ganz deutlich erkennen. Sie waren wild und zerklüftet, hinabgeschurrte Bergmassen und Steinmuren trennten die zerrissenen Kuppen, welche mit gezackten Häuptern in den schon von der Abendsonne geröteten Abendhimmel hinaufragten. In den Schluchten dieser süd= lichen Abhänge des Atlas hausen noch die Löwen und die Panther. Dort veranstalteten Bonbonnel und Gérard ihre Jagden. In der Nacht steigen sie häufig in die Ebene der Sahara hinab, um sich in der Umgebung der Oasen eine Beute zu holen. Vor uns her stieg eine Karavane den Berg hinan, der hier wieder den Charakter der Straße annahm. Ernst und gravitätisch schritten die Kameele zwischen dem übrigen Troß, mit den langen Hälsen weit über alle emporragend, auf ihren Rücken der Araber, der im Beginn des Frühlings durch den Mund der Wüste in die Steppe hinaufreitet, um dort seine Heerden zu waiden und den Sommer zuzubringen.

Von den Europäern wird das Kameel selten zum Reiten benutzt. Die Thiere haben eine zu langsame Gangart, obschon dieselbe regelmäßig ist und sich immer gleich bleibt. Man kommt damit nicht schnell genug vom Fleck. Zugleich verursacht ihre Gangart eine schaukelnde Bewegung, von der man die Seekrankheit bekommen kann. Der Araberstamm Beni=Mzab soll dagegen Kameele besitzen, welche traben und und täglich sechzig Stunden zurücklegen. Aber mit vollem Recht nennt

man das Kameel das „Schiff der Wüste", denn ohne dasselbe
ließe sich die Sahara schwer bereisen. Wie sollte man das
Gepäck, das Futter für andere Lastthiere und besonders das
Wasser auf so immense Entfernungen transportiren, wie auf
dem Rücken dieser sanften und geduldigen Thiere?
Die Karawane bewegte sich in einem wahren Schnecken-
schritt aufwärts. Im Galopp sprengten wir an ihr vorüber.
Nun die ersten Erdhütten, Mauern und Palmen der schönen
Oase El Kantara zur linken Hand der Straße, zur Rechten
immer noch die Sahara in ihrer „brandigen Wittwentracht",
auf deren Sande die Ausläufer des Auresgebirges ihre nackten
Füße setzend. Die Oase bot wieder ein Bild reicher und üppiger Vegetation, welches sich, je mehr ich die Straße hinan-
ritt, vervollständigte und ausbreitete. Sie besteht eigentlich
aus drei „Dacheras" oder Dörfern, welche am rechten und
linken Ufer des El Kantara und am Zusammenfluß des El
Kantara mit dem Qued-Biode oder dem „weißen" Flusse mitten im Palmenwalde liegen, der hier über 60,000 Bäume
zählt. Die Dörfer sind mit einer Mauer von Pisé, gepreßtem
Sand und Lehm, umgeben, welche von Thürmen flankirt ist;
die Häuser sind aus derselben Masse gebaut und haben ganz
dasselbe Gepräge, wie die Häuser auf den Sibanoasen. Die
Frauen verfertigen Teppiche, die Männer beschäftigen sich mit
der Kultur der Palmen und der Gärten, welche vermittelst
Kanälen und Rinnen bewässert werden. El Kantara war das
„Calceus Herculis" der Römer und muß einst eine sehr wich-
tige militärische Position gewesen sein. Ueberall sieht man in
den Gebäuden und in den Mauern der Oase Stücke von
Römersteinen, Säulenkapitälen, Architekturresten, Säulenschäften

und Inschriften, welche daran erinnern, daß die berühmte dritte Legion einst auf dieser Straße in die Wüste gezogen ist, und schon eine geringe Entblößung des Bodens bringt römische Gräber und römische Grabsteine zum Vorschein.

Gerade vor mir öffnete sich nun die düstere und finstere Schlucht, welche der Araber „Foum-es-Sahara" — „der Mund der Wüste" nennt. Sie bildet das Hauptthor der Sahara. Die Schlucht ist ein wilder und riesiger Bergspalt, den wahrscheinlich einst große Naturereignisse an dieser Stelle in die Felswand des hohen Gebirges gerissen haben, welches die Steppe von der Wüste trennt. Schroff und nackt stiegen zu beiden Seiten die Felsen auf, durch den düstern Spalt stürzte mir der Oued-el-Kantara in schäumenden Wellen entgegen. Wenn einmal eine Eisenstraße die Sibanoasen mit Constantine und dem Meere verbindet, muß ihr Weg durch diese Schlucht gehen. Jetzt schwebt der Draht des elektrischen Telegraphen an den schwarzen Schieferwänden, welche ganz steil himmelhoch aufragen. Noch einmal mußte ich die Sahara sehen, bevor ich in die Schlucht ritt, noch einmal von „ihrer Oede glühendem Sand" Abschied nehmen. Es werden vielleicht Jahre vergehen, bevor ich sie wieder sehe. Ich wandte mein Pferd um — da lag sie nochmals vor mir in ihrer ganzen schrecklichen Majestät, die Sahara. Wie ein brandiges Sandmeer, angehaucht von schwefelfarbenem Duft, dehnte sie sich in die unendlichen Fernen aus, mit ihren gelben Rändern den azurfarbenen, sonnenfunkelnden Horizont berührend, den die Abendsonne mit ihren ersten rosafarbenen Tinten färbte. Aber zwischen mir und dem brandigen Sandmeer erhob sich eine grüne Palmeninsel, deren reiche Blätterkronen fast den Fuß meines Pferdes berührten.

Wie schlanke Säulen mit aus grünen Blättern und goldenen
Früchten gebildeten Kapitälen stiegen die stolzen, schönen Bäume
aus der Tiefe und klommen an den Abhängen hinauf, und
ihre Füße waren dicht mit dem grünen Laub der Feigen und
Granaten, mit den rothen Blüthen der Aprikosen und weißen
Mandelblüthen umschlungen und durch ihre dunkeln Blätterkronen streute die Abendsonne rothe Goldstrahlen. Die Wüste
und die Palmeninsel und der funkelnde afrikanische Himmel:
welche Kontraste und welche Farben! Ich werde sie nie vergessen. Ich glaube, die Stätte, wo ich stand, ist eine der
wunderbarsten Stellen auf der Erde. Noch einen langen Blick
auf die grüne Insel, auf das gelbe Sandmeer und auf den
funkelnden Horizont — dann ritt ich im Schritt in die düstere
Schlucht hinab, wo der Bergstrom brauste. An der andern
Seite der Schlucht stand das gastliche Karavanserail von El
Kantara, welches mich für die folgende Nacht aufnehmen sollte.
Dort betrat ich wieder die afrikanische Steppe, von der Ferdinand Freiligrath singt:

> „Sie dehnt sich aus von Meer zu Meere,
> Wer sie durchritten hat, den grauft.
> Sie liegt vor Gott in ihrer Leere,
> Wie eine leere Bettlerfaust.
> Die Ströme, die sie jach durchrinnen,
> Die ausgefahr'nen Gleise, drinnen
> Der Kolonisten Rad sich wand,
> Die Spur, in der die Büffel traben: —
> Das sind, vom Himmel selbst gegraben,
> Die Furchen dieser Riesenhand."

Druck von Gebrüder Grunert in Berlin, Zimmer-Str 91.

Inhalt.